浙江省新型重点专业智库"政府监管与公共政策研究院"
浙江省2011协同创新中心"城市公用事业政府监管协同创新中心"
中国工业经济学会产业监管专业委员会
中国城市科学研究会城市公用事业改革与监管专业委员会
中国能源研究会能源监管专业委员会

政府管制评论
REGULATION REVIEW

2019年第2辑（总第17辑）

王俊豪 ◎ 主编

中国财经出版传媒集团
经济科学出版社
Economic Science Press

图书在版编目（CIP）数据

政府管制评论. 2019年. 第2辑：总第17辑 / 王俊豪主编. —北京：经济科学出版社，2020.12
ISBN 978-7-5218-2235-9

Ⅰ.①政⋯ Ⅱ.①王⋯ Ⅲ.①政府管制-研究 Ⅳ.①F20

中国版本图书馆CIP数据核字（2020）第263928号

责任编辑：凌　敏
责任校对：王京宁
责任印制：范　艳　张佳裕

政府管制评论

2019年第2辑（总第17辑）

王俊豪　主编

经济科学出版社出版、发行　新华书店经销
社址：北京市海淀区阜成路甲28号　邮编：100142
教材分社电话：010-88191343　发行部电话：010-88191522
网址：www.esp.com.cn
电子邮箱：lingmin@esp.com.cn
天猫网店：经济科学出版社旗舰店
网址：http://jjkxcbs.tmall.com
北京密兴印刷有限公司印装
787×1092　16开　7印张　140000字
2021年6月第1版　2021年6月第1次印刷
ISBN 978-7-5218-2235-9　定价：40.00元
(图书出现印装问题，本社负责调换。电话：010-88191510)
(版权所有　侵权必究　打击盗版　举报热线：010-88191661
QQ：2242791300　营销中心电话：010-88191537
电子邮箱：dbts@esp.com.cn)

主　编

　　王俊豪　浙江财经大学

学术委员会成员（按拼音排序）

　　陈富良　江西财经大学

　　陈勇民　美国科罗拉多大学

　　龚刚敏　《财经论丛》杂志社

　　郭克莎　中国社会科学院

　　胡汉辉　东南大学

　　刘戒骄　中国社会科学院

　　迈克尔·赖尔登（Michael Riordan）　美国哥伦比亚大学

　　秦　虹　住房和城乡建设部

　　戚聿东　北京师范大学

　　荣朝和　北京交通大学

　　肖兴志　东北财经大学

　　夏大慰　上海国家会计学院

　　薛　澜　清华大学

　　余　晖　中国社会科学院

　　于　立　天津财经大学

　　于良春　山东大学

　　张成福　中国人民大学

　　周志忍　北京大学

常务副主编兼编辑部主任

　　王　岭　浙江财经大学

主办单位

　　浙江财经大学中国政府管制研究院

　　浙江省新型重点专业智库"中国政府监管与公共政策研究院"

　　浙江省2011协同创新中心"城市公用事业政府监管协同创新中心"

　　中国工业经济学会产业监管专业委员会

　　中国城市科学研究会城市公用事业改革与监管专业委员会

　　中国能源研究会能源监管专业委员会

目　　录

合作治理框架下中国政府管制改革研究 …………… 康正鑫　李　颖（1）
进入管制与企业成本加成 ……………………………………… 王　磊（21）
中国可再生能源发电产业的规制政策与规制
　　效果分析 ……………………………………… 梁树广　于　婷（44）
食品安全规制的多元共治模式及实现路径研究
　　——以高校网络订餐为例 ………………… 齐文浩　刘　明　杨兴龙（57）
中国食品安全规制效率与提升对策 ………………… 和　军　王　喆（73）
政府管制视角下开发性PPP研究 ……………………… 罗玉辉　甘晋博（94）

合作治理框架下中国政府管制改革研究[*]

康正鑫 李 颖[**]

摘 要 进入21世纪后,社会矛盾激增,传统的政府管理方式在处理复杂社会问题时显得乏力,也无法满足新时期经济、政治及社会建设的需要。因此,创新社会治理方式成为政府管制改革的一项重要任务。本文基于传统政府管制理论的发展历程,讨论其存在的主要问题和形成机理,并分析政府管制对合作治理模式的现实需求,引入合作治理理论框架。由此发现,合作治理模式已成为政府管制改革的发展方向,要求政府、企业、行业协会及社会公众等多元主体的共同参与,利用它们之间各自的优势资源,形成针对公共事务进行治理的合力,由此转变政府单一治理主体所面对的治理困境。

关键词 政府管制 政府管制失灵 合作治理 多元主体

一、引言

当前世界正处于全球化、后工业化的信息时代,其基本特征是物质世界高度繁荣所带来的复杂社会及其经济问题,这对传统的政府管理体制提出了严峻的挑战。一方面,强调政府主导的治理模式在应对复杂问题时往往出现反应迟缓与行动不力的现象,造成调控失效、效率低下和对政府公信力的损害;另一方面,频频发生的现代社会大危机事件,使得政府部门没有足够的

---

[*] 天津市哲学社会科学研究规划重点项目"产业结构软化、生产性服务业与先进制造业的耦合机制研究"(TJYY19-012)。

[**] 康正鑫,天津商业大学公共管理学院硕士研究生;李颖,天津商业大学经济学院讲师。

能力去应对和解决这些问题，传统的治理手段日益捉襟见肘。因此，迫切需要一种新的治理模式。在这种情况下，政府唯有转变思路，拓展治理的视野，推动行政理念的创新，加快对行政管理体制的改革，才能使管理体制永葆活力。

改革开放以来，随着政府、市场与社会关系的重新定位，政府管理体制机制的变革持续加速推进。党的十一届三中全会提出的《中共中央关于全面深化改革若干重大问题的决定》对推进国家治理体系和治理能力现代化的建设作出了全面的部署，在这样的背景下，一种能够解决政府管制失灵，并能充分调动各种社会力量的治理模式——合作治理，自然受到了众多学者的青睐。重塑政府治理结构、向基层社会授权、保护民间组织发展及建构网络化社会合作治理是未来社会管理体制机制创新的科学选择[1]；同时，为了有效地完成行政任务，研究者们切勿陷入思维惯性，从政府管制走向公共治理，探求多主体、多层次及多中心的合作治理方式将会对政府管制改革的实践有所裨益[2]。本文正是基于以上思考，认清当前政府管制在社会治理中存在的困境，找到政府体制机制僵化与效率低下的原因，积极探究在推动政府管制改革中具备适用性与功能性特征的合作治理模式，剖析多元主体在社会治理中的作用，将为提升政府管制的效用与实现我国行政管理体制改革提供有效的突破路径。

二、传统管制的理论演化路径与典型特征

自政府诞生以来，其对经济社会的管制行为便应运而生。管制作为政府的一种治理手段，长期存在于社会管理当中，但关于管制理论的研究迄今不过几十年。早期管制理论的产生与政府管制的实践密不可分，近代社会真正意义上的政府管制始于英美国家通过立法来管制与公共利益相关的商业活动，诸如美国铁路领域的早期管制，再到国家开始大范围地干预市场经济。自20世纪以来的政府管制理论研究，先后经历了"市场失灵与政府的矫正措施""检视管制政策的效果""寻求管制政策的政治原因""政府管制中的激励问题"四次主题转变，管制理论走过了公共利益管制理论、部门利益管制理论、放松管制理论和激励性管制理论的发展历程。我国对西方政府管制理论研究历经30年，尽管有少许研究者结合我国国情进行了开创性的研究，但政府管制理论基础仍基本来源于西方研究，本土研究的成果并没有得到广泛的认可。因此，本文对政府管制理论的发展历程归纳依旧参考西方学者的研究。

（一）政府管制的相关概念

研究管制理论演化路径，有必要对管制的概念做简要的阐述。所谓管制，来源于英文"regulation"，主要是指各级政府对公共事务进行管理的一种工具，亦可理解为是一种手段，它强调公共权力机关运用其特殊地位依法对社会活动进行管理[3]。关于政府管制，西方学者做了大量研究，日本著名经济学家植草益将政府管制区分为经济性管制和社会性管制。政府管制可以理解为社会公共机构在既定的规则条件下对企业活动进行限制的行为，如产品进出口、价格、服务等方面的管制[4]。另一日本学者金泽良雄认为，政府管制是在以市场机制为基础的经济体制下，以矫正、改善市场机制内在问题为目的，政府干预经济主体活动的行为，这里的干预包括宏、微观的主要经济政策。美国学者丹尼尔对政府管制的理解是：政府行政机关制定并执行的直接干预市场配置机制或间接改变消费者和企业的供需决策的一般规则或特殊行为[5]。维斯卡西则认为管制是政府运用制裁手段，对个人和组织的自由决策的一种强制性限制。萨缪尔森赞成政府管制是以命令的方法改变或控制企业的经营活动而颁布的规章制度，以控制企业生产活动的各个环节，这一点同植草益的观点存在着相似之处。在现代法治社会，政府对个人和企业的控制或限制必须在法律的支持下，遵照法律来执行，虽然政府管制研究的中心是围绕政策制度和行政体制，但也有学者从法律角度来理解它，英国学者奥格斯将现代政府管制理论引入到公法学的研究中，尤其是行政法学的研究，认为管制是通过合法的程序产生的制度性安排，其拥有一个更高层次的控制理念，具备指导的功能，私人便是在国家这个合法主体下按规则行事[6]。中国学者朱新力和宋华琳等人也将政府管制理论与行政法学结合起来，推动两者理论向前发展[7]。我国对政府管制的研究始于20世纪80年代末，最初是通过引进西方的政府管制理论，主要是管制经济理论，用于指导我国市场经济的发展。历经三十余年的发展，我国研究者也对该理论产生了边际贡献。余晖认为，管制是政府的许多行政机构，以治理市场失灵为己任，利用法律武器，通过大量颁布法律、规章、命令及裁决等途径，对微观经济主体的非公正的市场交易行为进行直接控制和干预[8]；王俊豪指出管制是具有法律地位的、相对独立的政府管制者（机构），依照一定的法规对被管制者（目标是企业）所采取的一系列行政管理与监督行为[9]；周武认为管制是行政机构或独立的管制机构为克服市场失灵，实现福利最大化，利用国家政治权力，依据相关法律法规，对微观经济主体进行的直接或间接的各方面干预[10]；阎桂芳认为政府管制是政府依据一定的法律、法规对微观经济主体进行限制和规范的行为，它的实质是政府在市场机制失灵的条件下对其进行调整和修正，最大限度地保证和实现社会福利，即社会公共利益[11]。综观中西方对管制的定义和概述，可以看出，管制非常强调它的合法性（特别是管制理论发展到后期学者所做的归纳），即管制是在法律的框架下，运用其合法的政治或行政权力，对社会、经济出现各种消极现象进行修正和规范（更多的是针对市场经济失灵）的政府行为。

（二）公共利益管制理论

公共利益管制理论也被称作"对实证理论的规范分析"，在管制经济学理论的发展历程中，它长期占据着正统地位，并作为政府管制最重要的理论依据而存在。

在早期资本主义的发展历程中，西方国家受古典经济学的影响，在相当长的一段时期奉行"看不见的手"的原则，认为市场有意愿且有能力配置社会资源，能够充分发挥资源配置的有效性，这种指导思想在当时使西方各国经济取得了快速的发展。与此相反，公共利益管制理论以市场失灵为前提，以福利经济学作为理论依据，开启了政府管制理论的先河。该理论认为，由于公共物品、外部性、信息不对称、不完全竞争及自然垄断等一系列导致市场失灵的现象，市场并不像人们认为的那样"万能"，相反地，在这些情况下，市场是脆弱的、不完全竞争的，总会产生资源配置的低效率和社会福利分配的不公平问题，而政府管制的出现则能很好地解决这些问题。政府作为社会大众的代表，以追求社会福利最大化为终极目标，以提高资源配置效率为手段，借助政府管制的合法强制力，对任何出现市场失灵的领域进行主动管制。例如，完全放任的自由竞争市场，在其发展过程中必然导致垄断，从而使缺乏政府干预的垄断导致社会资源的浪费以及社会福利的损失。由于技术原因导致的垄断决定了由一个或少数几个企业的生产活动来满足全部的社会需求成为可能，在这种情况下，企业为了追逐高额利润，实现利润最大化，往往会利用垄断地位对产品进行操纵性定价，攫取大部分消费者剩余，使得消费者承担不必要的成本和风险，从而降低了社会福利水平。面对上述情况，政府管制的出现就十分必要，通过运用行政权力及制定法律来防止垄断、优化竞争，既可避免过度的竞争造成资源的浪费，也能调节市场价格，限制垄断厂商制定高额价格获取垄断利润，避免发生损害社会福利的现象。

总的来说，公共利益管制理论假设市场是脆弱的，完全放任自流不能实现市场机制的高效运转,进而不能保证效率和公平,存在市场失灵现象。另外,假设政府是"道德人",专注于维护和实现公共利益,能够制定最优的政策来矫正市场失灵,实现期望的政策目标。公共利益理论在逻辑上十分符合政府存在的定义,与我们对其理解的直观感受相契合。然而,在现实实践过程中,政府管制并没有取得预想中的效果。施蒂格勒等经济学家在对美国电力部门政府管制效果进行实证研究后,发现政府管制在电力公用事业上展现的突出作用不显著[12]。维斯卡西和维纳等其他学者也认同公共利益理论缺乏对管制的实证检验,指出了该理论存在明显缺陷。

(三) 部门利益管制理论

基于学者们对政府管制的实证研究以及逐步发展的管制实践,产生了对公共利益管制理论范式的反思和批判,部门利益管制理论由此产生。关于该理论的主要代表人物有波斯纳、施蒂格勒、佩尔兹曼、贝克尔、拉丰和泰勒尔等。该理论认为管制者不再是公正的、无私的"道德人",并没有维护公共利益的动机和实现社会福利最大化的管制目标;在多数情况下,管制者作为理性的"经济人",能够制定并凭借强制力来推行对其最有利的管制政策,实现其个人目的;与此同时,利益集团能够利用其自身资源来说服政府与其合作,为其服务。因此,政府管制代表的是利益集团的私人利益,利益集团与被管制者有能力通过游说、贿赂来影响甚至选出自己的代表来左右政府的政策,实现利益的再分配,将社会公众的利益转移到集团中。在囊括部门利益的管制理论框架下,又可分为管制俘获理论和管制经济理论。

管制俘获理论认为,政府进行管制的动因来自被管制对象,或来自于管制过程中受益的人,管制行为的走向取决于特定利益集团寻租的结果。其中,生产者的需求是政府制定政策的最重要动因,管制的结果也会有利于生产者。在管制机构与众多被管制对象的交互过程中,管制机构可能谋求扩大自身的权力和提升自己的收入,企业会利用政策来限制竞争,消费者会寻求以更低的价格获取优质的产品。在某些情况下,政府管制可能会增加社会公众的福利,但这也只是政府管制行为的衍生品,不会脱离其为利益集团等特定主体服务的目标。管制俘获理论虽然打开了管制机构的"黑箱",承认了管制者可能被俘获的现象,但它同公共利益管制理论一样,即强调理想化的假设和经验支持的证据,缺乏坚实的理论基础,对于产业利益集团能够俘获管制机构、消费者和其他利益集团的行为则难以做出合理的解释。到了20世纪70年代,学者们开始将管制问题引入经济学的研究范畴中,形成了管制经济理论。该理论由诺贝尔经济学奖获得者施蒂格勒开创。1971年，在他的《经济规制理论》中，首次运用经济学的基本范畴和标准的分析方法来探讨管制的产生，他将管制变成了经济系统的内生变量，由管制的供给和需求来共同决定，从而弥补了先前没有理论基础的缺陷。施蒂格勒的分析基于一些基本假设：政府拥有最基本的资源是其强制力，能够对市场主体的行为进行支持或限制，如补贴或征税；管制的供给者和需求者都是理性的"经济人"，会作出理性的选择，供给方即管制机构希望获得更多选票的支持，需求方即利益集团则希望获得经济利益，两者存在一拍即合的利益起点。值得一提的是，他认识到了在代议制民主程序中，规模较小的利益集团存在着更小的组织成本，更易产生对管制者施加影响的倾向，从而解释了为什么生产者利益总是凌驾于消费者利益之上。在其之后，佩尔兹曼和贝克尔进一步扩展了管制经济理论，前者的主要观点是管制者的政策选择主要受制于不同社会群体的政治影响力，管制者谋求自己政治支持力度的最大化，自然选择组织良好的利益集团；后者的研究侧重于利益集团之间的竞争，建立了政治决策均衡模型，得出了管制会被更有影响的利益集团利用去增加他们的福利的结论。

（四）放松管制理论

政府对微观经济的干预是为了解决市场失灵造成的效率损失，但在现实生活中出现了越来越多的管制失灵的现象。20世纪五六十年代，西方社会反对管制的呼声日益高涨，到了70年代，掀起了反对管制和管制放松的浪潮。放松管制的理论核心内容主要包括政府管制失灵理论和可竞争市场理论。

关于政府管制失灵理论，主要指政府失灵在微观管制领域的低效率和资源浪费，詹姆斯·M.布坎南曾通过对政治过程的经济学分析，发现公共部门提供公共物品时，总是倾向于浪费和滥用资源，公共支出也存在规模过大和低效率问题。政府失灵可具体表现为：管制措施不符合成本收益原则，较高的成本投入，较低的收益水平；管制过程缺乏正当性，有权力滥用的现象；管制效果的不可预见性等。造成政府管制失灵的原因有很多，主要可从两方面分析：一是政府部门面临的信息不对称，相比于被管制者，管制者掌握的信息十分有限，甚至常出现信息失真的情况，难以获取全面、准确的信息；二是政府目标的多元化，管制的目标不仅仅是提高经济效率，同时也需要维护社会利益和其政治目标，目标本身的实现难度和目标之间的冲突都可能导致管制失灵现象的发生。

所谓的可竞争市场理论，主要是强调竞争对实现经济效率的积极作用，改变了对传统竞争和政府管制的看法。该理论研究的是潜在进入者对在位企业的影响，政府管制政策的核心是只需要保持被管制对象的潜在竞争压力，放松管制，取消人为的进入或退出壁垒，就能利用新企业的潜在竞争威胁迫使原有产业提高效率与降低成本。达到潜在竞争的效果是基于一系列假设为前提的：首先，市场的进入与退出对于企业是完全自由的，潜在进入者在进入、退出市场问题上没有任何障碍；其次，潜在进入者可以采取"打了就跑"的策略，选择在市场存在盈利空间的时候进入市场，分享和稀释在位者的利润，在无利可图时快速撤离市场，不存在沉淀成本；最后，相比于现有企业，潜在进入者拥有同样的生产技术、服务水平、产品质量和控制成本的能力。因此，在可竞争市场上的在位企业绝不允许自己存在任何的生产低效率，由此实现了政府部门最初希望管制的目标。

（五）激励性管制理论

放松管制理论虽然得到了学者和政府的认可，但放松管制并不意味着完全取消管制，在很多涉及国计民生的产业中依旧需要政府管制；同时，受传统管制理论影响而产生的忽视信息不对称问题，导致做出的政策方案在执行过程中缺乏效率，受到人们的质疑，管制实践的需要倒逼着管制理论谋求新的发展。博弈论、委托代理理论、激励理论、信息经济学的发展为管制的分析和创新提供新的思路和视角，促进了新的管制理论产生——激励性管制理论。激励性管制的目的是要在信息不对称的情况下，解决效率和信息租金的矛盾问题。解决此问题的管制方案是在原有的管制结构下，设计出使受管制企业主动提高内部效率的激励机制，给予企业竞争压力，提高生产、经营效率的正面诱因。简单来说，激励管制的设计包括两个特征：一是为企业设计一个以提高业绩为基础的激励管制；二是同时赋予被管制企业一定的自由定价权，允许其在合理价格区间内自主经营。

具体来说，管制的主要内容包括价格上限管制、特许投标理论和区域间比较竞争理论。价格上限管制是指为被管制企业设定一个产品和服务的价格上限，这个上限价格的确定原则是行业价格的上涨不能超过通货膨胀率；同时，受社会科学技术的进步带来的劳动生产率提高，还应使行业价格下降。特许投标理论强调将竞争机制引入到政府提供的产品和服务当中，让市场中的多家企业同时竞争某个行业或业务的特许经营权，在一定的质量、价格审核条件下，此权利由某一企业取得；为了使企业具备提高效率的动机，当特许经营权到期后再次通过投标来决定特许权的归属，这样一来就提高了垄断市场的可竞争性，降低了企业的经营成本。区域间比较竞争理论，它的基本思路是借助独立于本区域并与本区域在生产技术、市场需求相似的其他区域的生产成本和价格作为参照，制定本地区内垄断厂商的价格和服务水准，刺激垄断企业改善服务质量和提高经营管理水平。这种参考过程还为政府在信息不对称情况下了解真实信息提供了条件，为管制者促进区域内企业竞争的管制政策提供有力依据。

三、传统管制理论典型问题与形成机理

政府部门在不同时期对管制理论有着不同的需求，管制理论发展伴随着它自身的时代特征，在当时拥有理论的适用基础和空间。但是，从管制理论的整个发展过程来看，这些理论都存在本身固有局限性或适用条件的严苛性。

（一）公共利益研究范式假设的理想化

从公共利益理论的假设条件来看，公共利益理论是有其自身的理论缺陷的，通过仔细分析不难得出这一理论至少存在以下几个典型问题：第一，假设政府是拥有完全信息、完全的承诺能力、全心全意谋求社会福利最大化的"道德人""圣人""理性人"，在这样一个完美的分析框架下，政府被视作一个单一的实体或所谓的"黑箱"，它不仅拥有足够的信息和政策工具，还拥有着确切的政策安排与计划。但事实上，政府并非是被人们隔离了的单一主体，打开这个"黑箱"就能发现，它是由不同利益驱使和政策工具的管制部门组成的，由于政府部门的理性行为、信息不对称，政府必然会受到外界因素的影响，比如被利益集团所俘获，甚至出于各部门利益，管制机构内部也会产生碰撞的现象，导致管制效果的非效率状态。第二，假设市场是脆弱的，不能依靠自身实现资源的优化配置，管制会在市场失灵的时候产生，但这只是一个理想化的预测，在现实社会中，政府管制部门处于公共物品供给的垄断地位，往往有职能强化的倾向，使得政府规模出现内生性扩张的特征[13]，这必然使得政府对市场干预的扩大，这样一来，以市场失灵来作为理解政府管制出现的动因过于狭隘。第三，该理论还存在一个直观的缺陷，即政府管制是没有成本的，天真的假设管制在制定和执行过程中并没有耗费时间成本和物质成本，显然这种假设没有任何合理性。关于这些假设的理想化，不免会引起学者们对其的批判。此外，公共利益理论也并没有提供一个关

于公共利益的确切概念,所以,甚至有学者认为公共利益理论都不能称作管制理论,只能作为管制理论实践过程中的一个假说,它本身还有很大的修正完善空间。

(二) 低估管制的正面作用

与公共利益理论不同,部门利益理论和放松管制理论似乎走向了另一个极端,即假定管制者为一个"经济人",他的行为过程总是会受到相关利益团体的影响,其政策结果往往是低效率的,管制措施是多余的,仅仅看到了政府部门消极的一面,而不去承认政府部门的正面作用。首先,将管制机构假设成几乎完全被动地接受利益集团游说的组织,忽视了政府部门和管制者的积极性、主动性、廉洁性,也没有考虑到顶层制度设计的监督作用。事实上,即使处在经济萧条的时期,公共利益也仍是政府追求的主要目标。其次,这些理论过于强调管制造成的损失而忽视了管制的收益,如果政府管制正如理论而言,是一种极其昂贵的干预行为,那么按此逻辑就应全面取消政府管制。但事实并非这样,政府对自然垄断性产业的管制并没有放松,在涉及能源、健康、安全、环境等方面的管制措施甚至有加强的趋势。客观来讲,这些措施都在某种程度上维护了我们的生命权、健康权、消费权。最后,放松管制可能比管制具有更高的机会成本,如放松管制典范的美国航空业,在经历了短暂利润增长之后,便进入了长期的萧条甚至亏损;关于市场机制和政府管制的效率高低,放松管制理论也一直难以给出一个清晰的解释。

(三) 管制理论的适用性弱

随着管制理论研究的发展,学者们推出了许多经典的理论模型,这些理论模型经过精细的设计,具有很高的理论价值,但也正因为其理论构造的复杂化,使得这些理论在实践当中的应用并不理想。例如,可竞争市场理论假设设计的复杂化,让我们在现实生活中很难找到这样的相关产业,更别提对理论的直接应用,致使该理论在适用范围上有很大的局限性。作为管制理论的最新进展,激励性管制理论利用多个学科的研究成果,提供丰富的博弈论模型和数学模型,将企业的复杂竞争行为尽可能地纳入模型,在这一点上十分贴切现实,但这些模型本身的复杂性使得管制人员很难掌握并熟练运用,在实践时也会受到诸多的限制;而这些复杂的设计使得激励管制变得越来越像一个纯技术性的问题,并没有多大的实践意义。

四、政府管制对合作治理的客观需求

在我国当下的社会治理中,一方面政府在面对交织的各种利益矛盾和复杂问题时显得力不从心;另一方面又面临从"互联网+"迈入人工智能的新时代,政府在管理和管制上显得捉襟见肘。与此同时,企业、社会、个人对政府传统的管理方式提出了质疑,要求政府提高其管理水平,合作治理模式成为了政府管制的客观需求。

(一)政府管制失灵的倒逼

政府管制设立的初衷是解决市场失灵,在必要的时候解决市场机制自身无法解决的问题,但由于存在寻租行为、信息不对称、规章制度运行的高额成本等原因,同市场失灵一样,受主客观因素的影响,也存在政府管制的失灵现象。政府管制失灵一直是管制理论界研究的热点,随着管制实践的发展,很多学者对其分析也越来越深入与全面[14]。从现有的文献梳理中可以发现,政府管制失灵是不可避免的现象,它是政府失灵在微观管制领域中的表现,是政府试图在弥补市场缺陷的过程中没有实现社会预期的公共目标,或是损害了市场的效率,或是带来了自身的低效率。例如,政府部门为自身利益服务,造成公共利益的损失,我国很多地区都存在政府人员的高福利与地方经济落后现象,当然,政府人员庞杂臃肿、权责不清也可能涵盖在这一行为当中;机构派系林立、日常工作缺乏竞争、缺乏工作激励等原因也都会导致政府管制的设计、执行速度不能满足现代经济社会的需要。

作为一种宏观管理方式,政府管制的运行有义务实现经济效益和社会效益,但政府管制的失灵使落后的政府管制失去了存在的意义。随着中国经济发展进入新常态,市场对政府管制提出了更高的要求,倒逼政府部门做出适当的变革;而政府管制失灵原因的多重性、复杂性,管制失灵表现的客观性、严重性,都对既有模式变革和新的制度安排提出了现实需求。无论是对政府管制提出更高的要求,还是政府管制失灵的客观存在,政府管制都必然面临新的选择——合作治理。

(二)增强政府信任感的需要

从全球范围来看,政府管制的范围随着经济社会的发展在不断地扩大,但社会成员对政府的信任感和满意度却随着时代的演进而下降,信任危机现象在近几年也时有发生，政府管制的无效率、公共资源的浪费、缺乏工作透明度都成为了信任感低的主要原因。政府信任的降低对于开展管制工作、维护社会和谐稳定，甚至国家政权的巩固都是极为严峻的挑战。特别是在我们社会主义国家，增强公民对政府的信任感显得尤为重要。面对政府可能出现的信任问题，如何强化公民对政府的信任程度，构建政府与公民的和谐关系是政府管制改革的紧迫问题。而合作治理模式优越性恰好能解决这种困境，它主张共同参与、平等互动的伙伴情谊关系，通过这种模式，让政府和公民紧密地联系在一起，双方面临共同的问题，共享彼此的资源，推崇合作、互惠精神，达成共同的目标，让"管制"变成"伙伴"，使原本僵化的政府体制充满活力。在这个过程中，它既增强了政府管制的责任感和使命感，也促使民众从以自我为中心转向互利共赢的方向，培育公民对政府产生政治认同感、社会责任感和情感归属感；真正实现政府和公民间的和谐运转，巩固和提高公民对政府管制的信任程度。

（三）风险社会的必然诉求

在后工业化社会不断演进的经济环境中，现代科技为人们生产、生活提供了前所未有的机遇和选择，现代交通为资源、人口的流动提供了更强大的载体，让这个世界变得更加复杂和不确定，各种复杂的社会问题纷至沓来。特别是在风险社会的时代背景下，风险诱因常态化，风险局面错综复杂，只有将风险因素考虑到治理议程当中，才能转危为安[15]。在风险社会中，问题原因的多样化、涉及主体的多元化、影响范围的扩大化，加之治理技术复杂、治理成本巨大及治理结果不确定性强等特点，使得政府单一治理主体难以科学地决策、迅速地执行、承担全部的成本和后果。例如，2020年新冠肺炎疫情暴发，其形成乃至暴发的原因难以界定，不可能归结于相关责任主体，但造成的危害波及全国，乃至世界，造成的损失更是不可估量。对于这样高度复杂的治理问题，如果仅仅依靠政府"刚性"的治理力量，反而可能使整个社会陷入更大危险之中。我国破解新冠肺炎疫情危机，是在政府的领导之下，依靠专家的建言献策、医生们的浴血奋战、工人们的昼夜赶工、社区工作者的政策宣传、媒体的舆论引导、社会团体的全力支援。因此，只有采用更为"柔性"的合作治理模式，发挥多元主体的专业特长、资源优势，才能够面对和处理这些单一主体无法承担的治理难题。

（四）社会多元主体的呼唤

随着经济社会的巨大进步，高等教育的不断发展，我国高素质人才数量在近十年有很大的增长，使得我国社会组织建设的步伐明显加快。根据民政部的数据显示，截至 2018 年底，我国登记在册的社会组织数量已达到 81.6 万个，各类社会团体、民办非企业单位（社会服务机构）、基金会等社会组织都有了很大的体量，并且进入严格把控、高质量发展阶段。伴随着社会组织发展的是公民意识的觉醒，社会多元主体参与社会治理的积极性和主动性与日俱增。这种意识逐渐地辐射和运用到他们的政治参与当中，法治社会的建设使他们保持理性自觉，确切地认知到自身与国家相互促进和彼此制约的关系，意识到他们并非是处于压迫地位，而是具有一定主动权的治理主体，能够以积极的姿态参与社会治理。另外，处于自身利益的考虑，社会多元主体总是将社会治理的不满归咎到政府的身上，责怪政府的不力举措，甚至带有情绪的抵制政府的其他管制行为，要求政府工作公开透明，充分保证他们的利益，接受他们的监督，最好是让他们参与到整个治理活动中。作为一种应对措施，合作治理模式显然符合他们的要求。

（五）合作治理研究运用的成熟性

自 20 世纪 80 年代以来，合作治理理论作为一种解决复杂公共问题的治理模式在西方兴起，并迅速成为世界范围内学术界研究的重要问题，成为世界各国政府治理改革的主要方向，成为政府改革的一种手段。经过近 40 年的发展，合作治理理论在国外得到了长足的发展，并取得了丰硕的研究成果，为我国学习、借鉴、引进提供了很大的选择空间。我国学者根据国家政治体制改革的方向和市场经济的发展，结合我国国情对治理理论进行了本土化研究，使治理理论的研究领域不断扩展、研究方法不断丰富、研究成果更加注重实践性。合作治理的理念和实践价值揭示了中国特色社会主义行政体制改革的目标导向和治理逻辑，为我国走出行政体制改革的困境提供了有益启发[16]。近几年，合作治理理论广泛应用于食品安全、共享经济、城市公共空间、环境治理等领域，为解决这些复杂且关系国计民生的问题提供一种可行的路径，缓和了社会利益主体的矛盾。改革开放以来，经济的发展也解放了人们的思维，一方面，政府希望建设中国特色社会主义管理体系，推进国家治理能力治理体系现代化，鼓励党和政府、社会、公众这些主体各在其位、各司其职、各负其责，又共同参与、协商互助、合作共享，为政府管制引入和应用合作治理提供了前提条件；另一方面，大学、研究所与各类行业协会，包括社会公众的权利意识不断增强、参与国家和社会事务的积极性日益高涨，各类社会组织不断发展壮大，并且提高了参与国家和社会事务的能力和素质，这又为政府管制提供了优良的参与者。所以，无论是从合作治理理论的成熟性来看，还是从政府主动性要求与社会公众的积极参与度来看，将合作治理的理念引入和运用到政府管制中都是可行的。

五、合作治理框架下政府管制的理论框架

（一）参与主体及其行为边界

合作治理框架下的治理主体包括政府、企业、行业协会、社会公众、媒体等。不同主体在政府管制活动中扮演的角色和作用不同，因此可以按照不同参与主体的功能特点进行分类。其中，政府作为公共权力的代表者，长期以来提供公共服务和管理社会事务，是天然的社会治理主体；政府负责制定相关的政策标准，搭建合作治理的平台，确定其他参与主体在政府管制中的职能，对社会多元参与主体工作进行监督、指导等。行业协会、社会公众、媒体等在政府的政策标准之内，力所能及地贡献力量，通过收集社会信息、建言献策等方式，参与政策制定的过程；关注政府的管制行为和企业的日常变化，行使自己的监督权利，促使政府和企业行为的合法性；做好对公共政策的解读，进行正面的宣传，辅助政府管制的执行。企业长期作为被管制的对象，在合作治理框架下也要发挥自身的优势，企业拥有市场的第一手信息，要将市场出现的各种问题在第一时间提供给政府，减少信息的不对称性；在政府和其他参与主体监督提醒下诚实经营、合法经营和防范风险；在管制过程中，积极主动地为政府和社会组织提供资金和技术支持；利用自身的人、财、物优势，处理政府治理措施难以到达的领域，弥补政府工作的不足。

（二）政府管制运行的主要机制

政府管制能够持续、稳定地运行，管制目标能够得以实现，还需要必要的协作机制，以此得到各种社会力量的支持，主要包括：

一是利益协调机制。利益是人们通过一定的方式获取的满足自身生存发展资料的总称，是社会发展的根本动力。利益协调机制旨在解决各个主体参与政府管制活动的利益诉求，是激发各主体积极发挥参与作用的重要措施。各个参与主体在管制过程中利益追求是不同的，利益协调机制就要寻找它们利益的交集，实现各方利益的平衡；政府作为社会治理的主导者，合作治理的发动者和核心参与者，需要主动承担协调利益矛盾的职能，政府不能单纯

地关注"蛋糕"的做大,更要将这个"蛋糕"分好,将各方主体的利益追求作为合作治理模式建设的出发点和立脚点。

二是信息共享机制。在经济活动和政府社会管理当中,信息不对称是常态,这也是政府管制失灵的主要原因。换言之,减少信息的不对称,建立信息合作共享机制是目前政府管制需要解决的首要问题。在政府与其他主体的合作治理当中,双方拥有不同的信息资源,只有及时、准确地了解到对方的信息,才能减少信息失真和信息成本,保证问题及时被发现、纠正与管制活动的正常展开,维护其他机制的有效运行。因此,在政府管制变革的过程中,要十分重视信息共享机制的作用。

三是合作机制。合作是政府管制变革方向的核心。研究现代社会治理有多重视角,其核心问题在于构建和研究合作机制[17]。合作机制其实是让多方主体在实行合作治理之后的收益大于参与合作之前的收益,即"1+1>2",让利益主体从过去的对抗式竞争转变为合作式发展,让合作占据主导地位。构建合作机制可从以下几方面出发:一是信任关系的建设,使各方对互相信任达成一种文化认同;二是平等的参与,保证各方的参与权利;三是制度的保障,这是合作机制运行的合法性基础。

四是制度保障机制。制度是指一种规则或运作模式,用来规范人们行为的一种社会结构。合作治理框架下的政府管制本身属于一种创新性的治理方式,政府和社会组织、公众之间合作治理方面的制度还不完善(在某种程度上说是缺乏),政府在很多时候扮演着"划桨者"角色,多元主体之间缺乏合作互信、背离和合作治理的理念。所以,在政府管制变革的初期,必须建立配套的制度体系,着重注意保证社会组织、公众的权利,免除他们的后顾之忧。

总的来说,合作治理框架下政府管制的运行机制主要包括利益协调机制、信息共享机制、合作机制、制度保障机制,它们是一种有机组合的关系。其中。利益协调机制是动力,信息共享机制是关键,合作机制是平台,制度保障机制是保证,四者共同作用于政府管制的运行。

(三) 多元主体参与下政府管制的目标

在合作治理框架下推进政府部门的管制改革,需要研究政府管制的具体目标,分析目标的确立在合作治理中的作用和功能。首先,确立目标是政府管制的起点,"合作目标"是开展合作治理的先决条件,如果没有目标或目标不明确、不切实际,就不会产生合作治理行为,进一步导致政府管制的失败。其次,采用合作治理模式,政府部门要积极采纳多元主体的建议,考虑他们的诉求，就政府管制的目标达成共识，具体途径可以通过召集合作论坛、互联网平台、远程会议等，各个参与主体就合作的范围和方式、合作成本的投入分摊、合作收益分配、合作的行为准则及破坏合作的行为处罚等事项进行协商讨论，可采用头脑风暴法等决策工具，让各主体在充分表达自己意见的基础上，就意见分歧进行协商与合作。对方案进行优化，最终就管制目标达成一致意见。此外，使目标明确且具有可操作性是任何目标都应具备的属性，以使参与各方都能在自己的资源条件范围内奉献力量，并起到一定的激励作用。最后，需要特别注意的是，多元主体参与下的政府管制目标应是高层次、全方位的，它应在原有政府管制目标的基础之上增添新的内容，不仅要弥补市场和个人主体的不足，更要维护良好的社会治理环境，形成更为有效的社会治理体系。

（四）合作治理理论的引入

学术界认为，合作治理就是政府和其他社会主体基于特定的互惠性目标，在平等、自主的基础上开展合作的一种社会治理方式[18]。合作治理相比于传统政府管制有如下特点：第一，多元化的治理主体，社会治理不再是某个治理主体主宰。第二，治理关系的相互依赖性，任何单一主体（包括政府）都没有足够的资源和能力来处理所有公共事务。第三，功能的互补性，各个参与主体拥有不同的优势，彼此资源共享、优势互补。第四，治理结构的网络化，彼此之间依靠对话、协商和互信的网络化治理结构推动集体行动的实施。第五，平等性和开放性，多元主体无论地位高低、实力强弱，都能平等地进行对话协商，并对所有的受到影响的、有参与意愿的个人或组织保持很大的包容度，鼓励他们参与社会治理。这些特征对于社会治理的创新是一种进步，但是，合作治理理论在具体实践过程中依然存在着许多挑战。首先，合作治理模式本身也有弊端，那就是各主体间的协作问题，由于是各主体共同完成社会治理工作，如何沟通、如何充分发挥多元主体的合力就成为了需要解决的重要问题。其次，政府长期作为社会治理的主角，在合作治理模式下，如何定位政府角色也是政府部门改革的一大挑战。

六、结论与政策建议

（一）研究结论

本文通过梳理政府管制理论的发展历程，发现这些管制理论存在或多或少的缺陷,早已不适应当前社会的需要。政府管制失灵、政府信任问题、社会的呼唤使得合作治理成为了政府管制变革的现实选择。在这种模式下,政府依旧是社会治理的最重要力量,对管制结果负有最终责任,但政府不再像过去一样依靠行政强制力,而更多的是发挥其引导沟通作用;社会主体成为政府治理的有益补充,发挥他们的优势和特点,是社会治理工作的关键。二者的紧密配合成为了应对管制失灵、化解社会冲突和风险、处理非结构化的、复杂问题的重要方法,是提高管制效率的重要保证。

(二) 政策建议

1. 政府管制部门的改革方向

高效合理的政府机构设置和政府管制安排,是完成政府管制任务的前提保证。政府要鼓励、引导社会多元主体参与公共事务治理,首先就必须克服自身缺陷,规范政府职能,进行针对自身的重新定位,在提升行政治理能力的同时为引进多元社会主体参与做准备。

(1) 重新定位政府角色,转变政府管制理念。政府是政策制定和执行的主体,在治理体系中扮演关键角色,但我国社会政治、经济等各方面发展迅猛,各类型的体制机制都进入了转型变革期,此时政府的"全能管理"角色已不适应社会发展的需要,政府角色亟须转变,管制理念也需得到更新丰富。

治理中政府角色的新定位,从本质上来讲,就是要深化行政管理体制改革,建设服务型政府,政府职能向创造良好发展环境、提供优质公共服务、维护社会公平正义进行根本转变。为此,政府部门需清醒地认识在新时期自身所扮演的角色:第一,合作治理理论下"元治理"角色。这种角色带有一种处于平衡状态的中间属性,既非大权独揽的管家角色,也非撒手放任的角色,而是介于这两者之间的,在新的社会治理的结构中,应该被视为"同辈中的长者",发挥指导社会主体的作用;第二,社会组织的培育者角色。为了建成成熟可靠的合作治理网络,政府有必要为这些社会主体提供政策支持、资源帮助;第三,法治规范的提倡者角色。引入多元主体,要十分注意各主体在法律的框架下行使自己的权利,一方面政府需要将权力关进制度的牢笼,另一方面要提醒社会主体在法律边界下参与治理。第四,治理责任的承担者角色。政府治理引入社会主体的参与并不能减轻政府的责任,社会主体的成长也不意味着政府职能和权力的弱化,反而是政府治理能力提升的表现。

转变政府管制理念,提升政府管制水平,政府应做到:一是树立公共利益的理念。维护和实现公共利益是政府工作的出发点,政府绝不能为了一己私利或利益集团的利益损害社会公共利益,要围绕公共利益构建政府官员和市场主体的问责机制,监督政府的行为。二是树立放松管制的理念。政府应当简政放权,培育多元化市场主体,鼓励市场竞争,发挥市场主体对政府功能的补充作用。三是树立法治的理念。完善相关管制立法,现代法治社会,任何一项权力的行使都要得到法律的授权,才具有社会公信力,政府管制改革的本身也是一个法制化的进程,是对法律的调整完善和创新。四是树立公平竞争的理念。建立一整套公平、开放、透明的市场规则体系,剔除寻租空间,消除各利益主体可能出现的腐败现象。

(2) 提升政府人员的素质,加强部门间的协作。对于政府公务人员,要在源头上坚持公平、公正、竞争、择优的原则,切实把优秀人才选拔到公务人员队伍中来。要对政府队伍不断地进行培训和再教育,提升公务人员的思想政治素质、专业能力、知识水平、身体心理素质;提升领导人员的战略思维能力、科学决策能力、创新创造能力、创新创造能力,以及重要的协调沟通能力。加强监督管理力度,构筑拒腐防变的坚固防线,将公务人员的自我监督和群众监督结合起来,保证他们的廉洁性。

过去,政府部门各行其是,仅在自身权责范围内行使职权、履行职责,总会出现权责不清、推诿扯皮的现象,并且难以处理社会发展带来的复杂行政任务。为了解决这一问题,有必要加强部门间的合作。政府部门之间合作的本质是跨部门协调,从行为主体的视角看,上下级政府之间存在纵向合作,同级政府之间、同一政府层级中不同职能部门之间存在横向合作,政府公共部门与非政府组织之间存在内外合作[19],政府各部门本身都处于一个大的行政管理体系,这是一个完整的系统,加强部门协作就是不断地优化这个系统,提高整个系统的效率,实现各部门独自难以实现的任务。为了实现上述情形,要十分重视现代网络信息平台的作用,实现信息资源的实时共享,确保沟通的及时性、准确性,来推进部门间的协作。

(3) 完善管制立法,加强司法部门的地位和作用。法律是政府管制强制性和权威性的源泉,是管制机构公信力的源泉,因此,推动政府管制立法、充分发挥立法机构在多元治理模式中的作用具有重要意义。我国现有的政府管制处于市场机制不健全、法治不健全的市场环境中,必须通过管制立法,以法律的形式将政府管制的目标、政府人员的权力确定下来,使管制机构在法律的框架下行使管制职能,充分发挥法律的先导作用,真正做到有法可依。另外,"司法作为社会正义的最后一道防线",必须在管制领域发挥它的作用,完善管制权力司法审查制度,加强司法机构对管制立法、执法过程中的审查,为被管制者和利益相关者提供合理的法律保障;通过司法职能,制约政府的行为,防止政府寻租或舞弊行为发生。

2. 合作治理模式下的多元社会主体

合作治理强调政府部门与社会主体的相互配合,对于政府管制,众多研究者已经进行了广泛研究,但针对合作治理的主题,应将更多的关注点放在社会主体的参与,研究他们在合作治理中承担的角色和责任,思考他们的作用方式,以此来分析整个治理网络。在研究社会主体这个大的框架下,有着企业、行业协会、社会公众等具体研究对象,他们在合作治理当中发挥着不同的作用。

(1) 企业的自律和他律。政府的行政管制是对企业施加的他律,是企业受到的外在约束,市场主体中企业的自我管制则是自律。对于推动企业参与社会治理来说,他律和自律两者各有所长,缺一不可。政府对社会治理主体的放宽不意味着对其放任不管,否则,企业失去外在的约束可能走向极端,所以,企业在参加合作治理的过程中首先应严格遵从政府的行政规定,配合政府部门的工作。

企业的自律,即市场经营者的自我管制。所谓自我管制是由企业或产业自发组织制定并在内部自愿实施,其内容、方式的选择以及内部监督激励机制的设计均由内部成员决定,而外部正式或非正式支撑体系构成其外在激励约束机制的一种特定管制形式[20]。实现合作治理的有效运行,要充分发挥企业的自律性,企业的自律有着很多政府管制无法享有的优势。通常来说,自我管制主体在自身行业内有着较高的专业技术水平,了解行业内的变动和相关信息后,其制定的管制往往更具有针对性和效果。自我管制享有很大的灵活性和自由度,能根据市场变化随时调整,显著提高管制效率。另外,针对合作治理模式的健康发展来说,自我管制能增强企业的社会责任感、荣誉感,能够促使社会主体更加主动、积极、负责任地参与社会治理。

(2) 行业协会自我管制。在合作治理的模式下,行业协会扮演着政府和企业的中间者角色,发挥着协调和沟通的作用。相比政府,行业协会是凭借行业、商品等共同特征集聚而成的共同体,其更加知悉商品生产、经营、消费特征,更加知悉行业内企业的生产经营活动,能够向政府部门传递行业的困境和需求;相比于企业,行业协会拥有更多专业人才、企业代表,收集到了更多的信息,能够在信息、人才优势下做出更加科学的判断。由此可见,行业协会治理网络中有着许多天然的优势:首先,作为社会治理平台搭建者,可以为各方提供交流沟通、协作的途径,分担政府管理公共事务的压力,明确各方的权责关系，加强多元主体之间的联系。其次，制定行业标准，为企业提供自我管制的参考，在协会内部，单个企业往往更加关注自己的声誉，会主动去遵守协会准则规定，在行业外部，为了整个行业的声誉，行业协会组织会主动地产生自我管理的倾向，督导行业内各企业生产活动。最后，行业协会具备培训的职能，可以组织企业个体参加各类培训活动，为他们普及最新的行业知识，增强他们对法律法规、行业准则的了解。因此，加强行业协会自身建设，能够显著提升整个治理网络的功能。

在当下放松管制，建设服务型政府、政府职能转变的过程中，政府行政部门应当让渡部分权力给予行业协会，鼓励其在合作治理中发挥更大的作用。行业协会自身应建立完善的行业准则、行业标准、自律公约等，规范行业内各企业的行为；积极主动地参加行业政策标准的制定过程，为政府部门提供必要的信息以及专业技术的支持；完善内部治理结构，发挥更大的管制作用。

（3）社会公众的参与和监督。在合作治理的网络框架中，需要公众的广泛参与，公众代表来源于社会各个部门，能够表达出公众关注的焦点和利益，使政府部门全面地了解民众的诉求，根据整体掌握的情况，权衡各方面利益，考虑大部分人的想法，做出以民众利益为出发点和落脚点的政策方案，保证政策管制顺利运行。同时，社会主体的监督对合作治理也是必不可少的，一方面，监督和制约政府行为，有助于提高政府工作的透明度，保证社会主体的知情权，推动政治的公开化；另一方面，政府对社会主体的管制，也越来越依赖社会执法，依赖于社会主体对市场环境中发现的线索进行检举和揭发。所以，公众要树立主人翁意识，培养协作治理精神，认识到市场秩序的良好运作需要全社会的努力；善于、敢于表达自身的利益诉求，在合作治理的模式中，要充分认识到自己与政府地位是平等的；重视自身知识水平，提高自身素质，确保自己有能力参与到社会治理中去。因此，要建立切实有效的参与、监督机制，激发公众参与合作治理的热情。

参考文献

[1] 徐珣，王自亮. 从美国网络化社会合作治理经验看社会管理体制创新 [J]. 浙江社会科学，2011（6）：88-94+83+158.

[2] 宋华琳. 论政府规制中的合作治理 [J]. 政治与法律，2016（8）：14-23.

[3] 张红凤. 西方规制经济学的变迁 [M]. 北京：经济科学出版社，2005.

[4] 植草益. 微观规制经济学 [M]. 北京：中国发展出版社，1992.

[5] 丹尼尔·F. 史普博. 管制与市场 [M]. 余晖等译. 上海：上海三联书店，1999.

[6] 安东尼·奥格斯. 规制：法律形式与经济学理论 [M]. 骆梅英译. 北京：中国人民大学出版社，2008.

[7] 朱新力，宋华琳. 现代行政法学的建构与政府规制研究的兴起 [J]. 法律科学. 西北政法学院学报，2005（5）：39-42.

[8] 余晖. 政府与企业：从宏观管理到微观管制 [M]. 福州：福建人民出版社，1997.

[9] 王俊豪. 政府体制经济学导论 [M]. 北京：商务印书馆，2001.

[10] 周武. 政府规制概念界定与辨析 [J]. 广州体育学院学报，2008（3）：1-4.

[11] 阎桂芳. 政府规制概念辨析 [J]. 生产力研究，2009（6）：15-16+44.

[12] 武靖州. 政府规模"内生性"扩张问题探讨 [J]. 领导科学，2013（5）：7-11.

[13] 郭敏，谭芝灵. 政府规制国内研究综述 [J]. 改革与战略，2010，26（10）：194-198.

[14] 张成福，陈占锋，谢一帆. 风险社会与风险治理 [J]. 教学与研究，2009（5）：5-11.

[15] 王婷. 合作治理：中国特色社会主义行政体制改革的目标导向与治理逻辑 [J]. 行政论坛，2016，23（6）：47-52.

[16] 徐以民. 论业主自治领域合作机制的建构 [J]. 贵州社会科学，2012（12）：78-81.

[17] 张康之. 合作治理是社会治理变革的归宿 [J]. 社会科学研究，2012（3）：35-42.

[18] 郑文强，刘滢. 政府间合作研究的评述 [J]. 公共行政评论，2014，7（6）：107-128+165-166.

[19] 杨志强，何立胜. 自我规制理论研究评介 [J]. 外国经济与管理，2007（8）：16-23.

[20] Stigler, G. J. & C. Friedland. What can the Regulators Regulate : The Case of Electricity [J]. Journal of Law and Economics, 1962 (5).

进入管制与企业成本加成

王 磊[*]

摘 要 本文利用世界银行发布的营商环境报告,以开办企业的审批时间、步骤和成本作为进入管制代理变量,实证分析进入管制对企业成本加成的影响。研究发现:(1)进入管制与企业成本加成显著正相关,即进入管制强度越大,企业拥有的市场垄断势力越强,越不利于市场的公平竞争。(2)进入管制对企业成本加成具有异质性影响,对国有企业的影响高于非国有企业,对劳动密集型行业的影响高于资本密集型和高新技术行业,对中、西部地区的影响高于东部地区。(3)中介效应估计结果表明,进入管制不仅会直接影响企业成本加成,而且可以通过增加企业寻租成本间接影响成本加成。本文研究对于深入推进"放管服"改革、以公正监管维护公平竞争具有一定的理论支撑和参考价值。

关键词 进入管制 成本加成 "放管服"改革 公正监管

一、引言

以简政放权、放管结合、优化服务为特征的"放管服"改革,是现阶段转变政府职能、理解政府与市场关系的重要突破口。2019年党的十九届四中全会提出,深入推进简政放权、放管结合、优化服务,深化行政审批制度改革,激发各类市场主体活力。2020年的《政府工作报告》再次强调,深化"放管服"改革,以公正监管维护公平竞争。"放管服"改革中的"放"表示简政放权、降低准入门槛。简政放权意味着下放或减少缺乏法律

---

[*] 王磊,浙江财经大学中国政府管制研究院。

依据和法律授权的行政审批权，降低准入门槛意味着放松对企业的进入管制、实现市场准入负面清单制度。现有关于"放管服"改革的研究以地级市设立行政审批中心为行政审批改革的代理变量，侧重讨论行政审批中心设立带来的进驻机构的跨部门协调[1]，以及这一新型审批制度带来的地方政府创新扩散效应[2]。学术界对于进入管制的研究存在争议，以庇古（Pigou）为代表的公共利益理论认为，对企业的进入管制是一种筛选机制，可以避免一些无效率企业的进入，以维持全社会的福利水平[3]。以斯蒂格勒（Stigler）为代表的公共选择理论则持有相反的观点，将进入管制视为向进入企业征收的"过路费"，在位企业通过向政府部门进行寻租以提高进入壁垒，同时还会滋生腐败行为[4]。

企业成本加成关系到企业在产品市场上的价格影响能力，同时是度量企业垄断势力的重要指标[5]，而且反映了市场的公平竞争程度。企业成本加成及其影响因素已成为产业经济学和国际贸易研究领域中的重要问题[6]。现有关于中国企业成本加成的研究主要集中在国际贸易领域，探讨贸易自由化对成本加成的影响[7]~[9]，也有部分研究分析国有企业改制、政府补贴和最低工资对成本加成的影响[10]~[12]。从目前笔者掌握的文献看，鲜有研究涉及进入管制对企业成本加成的影响及其机制分析，本文尝试在这方面予以拓展。

综上所述，本文以进入管制对企业成本加成的影响为研究主题。首先，根据世界银行发布的中国30个重点城市的营商环境报告，本文利用其中的开办企业审批时间、审批步骤和审批成本作为进入管制的代理变量，以此验证进入管制对企业成本加成的影响。其次，本文通过生产法估计企业的价格成本加成，利用中介效应模型研究进入管制对企业成本加成的作用机理，进一步从企业、行业、区域三个层面分析进入管制的异质性影响。最后，本文研究对于深入推进"放管服"改革、以公正监管维护公平竞争具有一定的理论支撑和参考价值。

二、文献回顾

现有文献关于企业成本加成的研究可以分为三个方面：一是企业成本加成的估计方法；二是企业成本加成的影响因素；三是从企业成本加成视角分析市场势力与社会福利。

首先，关于企业成本加成的估计方法包括会计法、需求法和生产法。会计法利用财务指标来估计产品价格和企业边际成本[13]，会计法对于产品价格的估计过于粗糙，而且企业并非生产单一产品，价格数据往往存在度量误差。对于企业边际成本的估计通常以企业的平均成本代替，无法准确反映企业的边际成本。需求法通过估计需求函数来估算企业成本加成，其依据的经济理论在于：利润最大化条件要求企业定价策略满足边际成本等于边际收益，厂商通过提高价格以减少产量，而企业对产品价格的调整能力受到需求关系的影响[14]，但对需求函数的估计需要对消费者的效用函数进行严格设定。生产法提出始于霍尔（Hall），通过研究产业投入要素水平和产出增长水平之间关系来度量产业层面的价格成本加成[15]。德·洛克和沃辛斯基（De Loecker and Warzynski）在此基础之上进一步放松规模报酬不变的基本假设，基于企业成本最小化条件下的要素投入水平推导出成本加成为可变要素投入产出弹性与该要素产值比重的乘积，进而避免对企业边际成本的估计和产品价格的统计[16]。上述三种方法的相同点在于均要估计企业的边际成本，对边际成本的估计成为估计企业成本加成的关键。会计法和需求法依赖于统计指标的获得性，例如商品价格、需求数量或消费者效用设定等。成本法可应用性较强，仅需企业产值、要素投入等常用统计指标，对边际成本的估计转换为对企业生产函数的估计，极大地简化了估计步骤和数据要求。

其次，在企业成本加成的影响因素方面，现有研究主要聚焦于贸易自由化的影响，梅里茨（Melitz）[16]、梅里茨和奥塔维亚诺（Meltiz and Ottaviano）[17]的研究表明，贸易自由化对企业成本加成的影响与设定的效用函数有关。在CES效用函数中企业成本加成保持不变[16]，而在差异化产品的效用函数中，贸易自由化的竞争效应使得企业成本加成降低[17]，这一结论被德·洛克等（De Loecker et al.）[18]的研究所支持。国内学者以产品关税度量贸易自由化，并区分了进口贸易、出口贸易和加工贸易等不同的贸易方式。例如，钱学峰等的研究表明，出口退税通过贸易开放的竞争效应可以降低企业成本加成，出口退税率上升1%可以使成本加成降低0.213%[7]。余淼杰和袁东则发现贸易自由化带来的外国关税、本国最终品关税和投入品关税下降可以使贸易企业成本加成提高2.14%，但加工贸易比重的增加会抑制贸易自由化的成本加成效应[8]。此外，任曙明和张静分析了政府补贴对装配制造业企业成本加成的影响，研究发现行业补贴比重与企业成本加成负相关，补贴企业的成本加成显著低于非补贴企业，源于补贴助长了企业寻租行为而非增加企业的研发投入[10]。盛丹认为，在竞争程度较高的行业中国有企业改制可以提高企业成本加成，在竞争程度较低的行业中国有企业改制对其成本加成的影响并不明显,国有企业改制需要借助市场竞争与市场化改革发挥效用,三者之间存在一定程度的"协同效应"[11]。

最后,在企业成本加成、市场势力与社会福利方面,现有研究主要针对某一特定行业进行分析。例如,黄枫和吴纯杰以2003~2007年的化学药品制剂制造业为研究对象,以企业成本加成为基础构造化学制剂行业的勒纳(Lerner)指数,分析该行业市场势力及其影响因素[19]。刘玉海和黄超以钢铁行业为例,利用上市公司数据分析了钢铁行业的市场势力和规模经济,钢铁行业在劳动力雇佣市场上存在买方势力,但在产品市场上处于相对充分的市场竞争状态,总体上存在规模不经济[20]。关于福利损失的研究,现有文献主要从理论层面给出函数表达式但实证分析相对缺乏,例如早期的混合寡头模型以及近年陈和雷伊(Chen and Rey)[21]的研究,这些研究采用外生给定的需求函数和供给函数来进行数理分析。然而,这些从理论层面提出的函数表达式往往无法在实证层面予以检验,其原因在于需求函数(或效用函数)和成本函数缺乏相应的数据而无法识别。

三、企业成本加成测度

企业成本加成表示产品价格与边际成本之比,由于企业商品价格缺乏相应统计,本文借鉴德·洛克和沃辛斯基①的做法[5],从企业成本最小化一阶条件推导成本加成的度量指标。假设企业在第t期的生产函数为$Q_{it}=Q_{it}(X_{it},K_{it})$,$X$表示可变要素投入,这里表示第$t$期的劳动力投入,$K$表示企业的资本投入,$r$表示资本租金,$P$表示可变要素投入价格,这里指劳动力单位工资。在给定产量Q的条件下,企业成本最小化的拉格朗日函数$L(\cdot)$为:

$$L(K_{it},X_{it},\lambda_{it})=P_{it}^X X_{it}+r_{it}K_{it}+\lambda_{it}[Q_{it}-Q_{it}(X_{it},K_{it})] \quad (1)$$

其中,λ表示拉格朗日乘子,对X可变投入的一阶最优化条件可以得到:

$$\frac{\partial L}{\partial X_{it}}=P_{it}^X-\lambda_{it}\frac{\partial Q_{it}(X_{it},K_{it})}{\partial X_{it}}=0 \quad (2)$$

其中,$\lambda_{it}=\partial L/\partial Q_{it}$,表示企业的边际成本,对式(2)两边分别乘以$X_{it}/Q_{it}$,进一步整理得到:

---

① 以下简称DLW。

$$\frac{\partial Q_{it}(X_{it},K_{it})}{\partial X_{it}}\frac{X_{it}}{Q_{it}}=\frac{1}{\lambda_{it}}\frac{P_{it}^{X}X_{it}}{Q_{it}} \quad (3)$$

式（3）左边表示要素投入 X 与产出 Q 之间的弹性系数，即企业最优要素投入水平下的投入产出弹性系数 $\alpha_{it}^{X}=\frac{\partial Q_{it}(X_{it},K_{it})}{\partial X_{it}}\frac{X_{it}}{Q_{it}}$。定义企业成本加成 μ 等于产品价格与边际成本之比，即：

$$\mu_{it}=\frac{P_{it}}{\lambda_{it}}=\frac{P_{it}Q_{it}}{P_{it}^{X}X_{it}}\alpha_{it}^{X}=\frac{\alpha_{it}^{X}}{\theta_{it}^{X}} \quad (4)$$

其中，P_{it} 表示产品 Q 的价格，将式（3）中边际成本 λ 的表达式带入式（4）中，$\theta_{it}^{X}=P_{it}^{X}X_{it}/P_{it}Q_{it}$，表示可变要素投入产值占产品销售产值比重，即企业工资支出占销售产值比重，这两个统计指标是企业常用的财务指标，可以获得相关数据。因此，对企业成本加成的估计转变为估计劳动力的投入产出弹性系数，可以通过对企业生产函数估计得到该系数。

假设企业生产函数为柯布-道格拉斯（C-D）函数形式，技术进步为希克斯中性，生产函数估计的计量模型如下：

$$y_{it}=\alpha_{L}l_{it}+\alpha_{K}k_{it}+\omega_{it}+\varepsilon_{it} \quad (5)$$

其中，i 和 t 分别表示企业和年份，y_t、l_t 及 k_t 分别表示对数形式的产出、劳动和资本，α_L 和 α_K 表示劳动和资本的投入产出弹性，ω_t 表示对数全要素生产率，ε_{it} 为残差扰动项，如无法观测的生产率冲击包括在残差扰动项之内，假设这样的生产率冲击发生在厂商决定要素投入之前。计量模型的常数项包含在企业生产率 ω_{it} 内，也就是说，生产率中常数项的估计部分对行业内所有企业是一样的，而企业间生产率的差异源于生产率估计中的异质性部分。

企业根据其生产率水平决定要素投入，生产率在残差项中不可观测会带来联立性偏差和选择性偏差的内生性问题，通常的最小二乘法（OLS）估计无法解决这一内生性问题。虽然工具变量（IV）估计和动态面板差分广义矩（GMM）的 GMM 估计可以用来解决计量模型估计的内生性问题，但在生产函数的估计方面仍有所欠缺。工具变量估计需要寻找适合的工具变量，要求工具变量与资本和劳动力相关而与生产率不相关，从企业层面而言很难找到这样的工具变量。动态面板差分 GMM 估计一致性的前提条件是对任意时期满足 $\omega_{it}=\omega_{it-1}$，这样的假设条件过于严格，而且忽略了企业生产率动态演化的过程。

通常做法是将生产率 ω_{it} 从计量模型式（1）中分离出来。阿克伯格等

(Ackerberg et al.)[①] 引入中间投入作为生产率的代理变量,从企业动态演化的角度来研究企业生产函数,时间是离散的,企业在每一期期初决定是否生产,若生产则决定当期的要素投入水平[22]。根据企业利润最大化的贝尔曼(Bellman)方程,以资本、劳动和生产率作为贝尔曼方程的状态变量,则企业的中间投入需求方程 $m_{it} = m_t(\omega_{it}, k_{it}, l_{it})$,并且假设中间投入关于生产率是严格单调递增的,这样可以得到生产率的反函数 $\omega_{it} = m_t^{-1}(m_{it}, k_{it}, l_{it})$,代入式(5)生产函数估计方程可以表示为:

$$y_{it} = \alpha_L l_{it} + \alpha_K k_{it} + m_t^{-1}(m_{it}, k_{it}, l_{it}) + \varepsilon_{it} = \phi_t(k_{it}, m_{it}, l_{it}) + \varepsilon_{it} \tag{6}$$

其中,$\phi_t(k_{it}, m_{it}, l_{it}) = \alpha_L l_{it} + \alpha_K k_{it} + m_t^{-1}(m_{it}, k_{it}, l_{it})$ 是一个非参数表达式,我们无法获知其具体的表达式,生产函数估计方程式(6)成为半参数计量模型。对于非参数项 $\phi_t(\cdot)$ 可以通过多项式逼近处理,进而获得非参数项 $\hat{\phi}_t$ 的估计值,这是 ACF 估计方法的第一步。

ACF 估计方法的第二步是要得到资本和劳动的估计系数。由于资本和劳动包含在非参数项 $\phi_t(\cdot)$ 中,我们无法获知关于 $\phi_t(\cdot)$ 的函数形式,因此需要额外的假设条件对 α_K 进行识别。假设生产率 ω_{it} 服从一阶马尔科夫过程:

$$\omega_{it} = E[\omega_{it} | I_{it-1}] + \xi_{it} = E[\omega_{it} | \omega_{it-1}] + \xi_{it} \tag{7}$$

其中,I_{it-1} 表示企业在第 $t-1$ 期的信息集,第一个等号成立表示企业在第 $t-1$ 期的行为决定第 t 期的生产率水平。ξ_{it} 表示期望预期的偏离,可以理解为第 t 期生产率中的创新部分。第二个等号成立基于一阶马尔科夫过程假设条件,也就是说,企业在第 t 期的生产率只取决于第 $t-1$ 期的生产率水平和在第 t 期的创新。

在第 $t-1$ 期的信息集 I_{it-1} 中包括企业的资本存量 k_{it-1},而且第 t 期的资本存量可以通过永续盘存法表示为:$k_{it} = (1-\delta)k_{it-1} + i_{it-1}$,$\delta$ 为折旧,即第 $t-1$ 期的投资水平决定了第 t 期的资本存量,那么第 t 期的资本存量和当期的生产率创新无关 $E[\xi_{it} | k_{it}] = 0$,因此得到估计资本产出弹性 α_K 和劳动力产出弹性 α_L 的矩条件:

$$\begin{cases} E[\xi_{it} k_{it}] = 0 \\ E[\xi_{it} l_{it-1}] = 0 \end{cases} \tag{8}$$

利用式(8)的矩条件,通过 GMM 估计方法可以得到资本和劳动的估计系数 $\hat{\alpha}_K$ 和 $\hat{\alpha}_L$。

---

① 以下简称 ACF。

四、计量模型、数据与变量

（一）计量模型

本文采用多重固定效应模型实证分析进入管制对企业成本加成的影响，计量模型为：

$$mkp_{ijpt} = \beta_0 + \beta_1 entrg_{jpt} + \beta_X X_{ijpt} + D_p + D_j + \alpha_i + \varepsilon_{ijpt}$$

其中，i、j、p 和 t 分别表示企业、行业、省份和年份，被解释变量 mkp 为前文估计的企业成本加成，核心解释变量为进入管制代理变量 $entrg$，X 表示其他控制变量，D_j 和 D_p 表示制造业两位代码行业、省份的固定效应，用来控制不可观测的行业和省份异质性。α_i 表示企业个体效应，ε 表示残差扰动项，本文采用面板数据固定效应估计方法，可以有效避免遗漏变量带来的内生性问题对实证结果的影响。

（二）变量选取

1. 进入管制（$entrg$）

本文借鉴简科夫（Djankov）[23]的研究，以开办企业的审批时间、审批步骤、审批成本和最低注册资本金作为进入管制的代理变量。然而，这样的行政审批指标度量在省级层面，并没有考虑行业异质性的影响。企业是否进入，一方面会受到行政审批时间、步骤、成本等的影响；另一方面取决于进入该行业或市场所必需的投资，即沉没性进入成本[24]。本文以四位代码行业最小经济规模与单位资本乘积度量沉没进入成本，企业市场份额分布的中位数作为最小经济规模的代理变量，单位资本等于行业固定资本与工业总产值之比。因此，本文以四位代码行业的沉没进入成本与行政审批时间、步骤等变量的交互项构造行政审批度量指标，即行政审批时间 $entry\_time$、行政审批步骤 $entry\_step$、行政审批成本 $entry\_cost$、最低注册资本金 $entry\_setup$。

2. 控制变量

（1）企业规模（$scale$）。本文以固定资产对数度量企业规模，固定资产等于企业年固定资产净值余额。企业规模越大意味着其拥有规模经济效应，规模经济可以降低企业边际成本，提高企业成本加成。（2）经营年限（age）。

中国工业企业数据库统计了企业成立年份,企业在第 t 期的经营年限等于该年份减去成立年份。在成立年份统计指标中,由于存在成立年份的异常值,我们删除企业经营年限大于 100 的样本。企业经营年限越长表明企业产品定价和生产成本趋于稳定。(3)利润率(profit)。本文以企业利润总额占销售产值比重度量利润率水平,利润率越高表明企业拥有的市场势力越大或者正向需求冲击,可以获得更高的定价能力和成本加成。(4)信贷约束(credit)。本文以企业利息支出作为信贷约束的代理变量,利息支出越高表明企业获得的贷款越多,其面临的信贷约束越少,信贷约束一定程度上反映了企业的经营状况和资金流水平。(5)出口哑变量(export)。出口企业为 1,非出口企业为 0,如果企业的出口交货值为正则定义其为出口企业,否则为非出口企业。(6)企业更替率(turnover)。本文以每年两位数代码行业的企业进入率和退出率的算数平均值度量,进入企业和退出企业根据企业代码和名称在数据库中是否出现识别,对于在数据库中首次出现的企业定义为进入企业,对于在数据库中不再出现的企业定义为退出企业。进入率等于进入企业占当年全部企业的比重,退出率等于退出企业占当年全部企业的比重。

(三)数据来源及处理方法

本文数据来源分为两个方面:一是世界银行发布的《2008 中国营商环境报告》,该报告从开办企业、登记物权、强制执行合同、获取信贷四个方面统计了 30 个省份的营商环境便利度(西藏自治区除外)。其中,开办企业包括开办企业所需的审批时间、审批步骤、审批成本和最低注册资本金四个二级指标,可以作为度量进入管制的代理变量[23]。二是企业层面数据来源为中国工业企业数据库,该数据库统计了工业行业国有企业和规模以上的非国有企业(销售产值在 500 万元以上),对该数据库的处理借鉴勃兰特(Brandt et al.)[25]的方法。(1)删除存在缺失值、异常值的样本,对工业总产值、工业增加值、销售产值、固定资产净值余额、中间投入等指标,剔除小于等于 0 或为缺失值的样本;(2)删除不合理的统计指标,例如流动资产或固定资产大于总资产、工业增加值大于工业总产值、本年折旧大于累计折旧、年平均就业人数小于 10 人;(3)删除采掘业、公用事业行业样本,将研究对象界定在行业代码 13~42 的制造业企业层面。根据企业所在省份的省份代码,本文将营商环境指标与工业企业数据库相匹配,各变量定义和描述性统计如表 1 所示。

表 1　　　　　　　　　　　变量描述性统计

变量	定义	平均值	标准差	最小值	最大值
mp_acf	企业成本加成（ACF 估计）	2.352	2.823	0.015	15.147
$entry\_time$	进入管制 – 时间	1.043	0.606	0.150	7.228
$entry\_step$	进入管制 – 步骤数	0.754	0.436	0.112	5.103
$entry\_cost$	进入管制 – 成本	0.575	0.370	0.051	5.184
$entry\_setup$	进入管制 – 注册资本金	1.590	0.920	0.238	11.036
$scale$	企业规模（固定资产对数）	8.189	1.639	−0.583	17.569
age	经营年限	8.709	9.425	0	100
$turnover$	市场集中度	0.073	0.064	0	1
$export$	出口哑变量	0.283	0.451	0	1
$profit$	利润率水平	0.035	0.672	−473.000	75.900
$credict$	信贷约束（利息支出对数）	7.217	2.552	0	17.455

注：样本量为 872363 个，ACF 表示根据阿克伯格等[22]方法估计企业生产函数。

五、实证结果与机制分析

本文关于进入管制与企业成本加成的实证分析包括三个方面：一是利用双重固定效应计量模型分析进入管制对企业成本加成的影响；二是分析进入管制对企业成本加成影响的异质性，分别从企业（国有企业与非国有企业）、行业（高新技术、劳动密集型与资本密集型）、地区（东、中、西）三个层面展开；三是利用中介效应分析方法识别进入管制对企业成本加成的作用机制。

（一）基准估计结果

本文分别以进入管制的审批时间、步骤、成本和最低注册资本金作为核心解释变量，企业成本加成为被解释变量，同时控制省份和行业的双向固定效应，估计结果如表 2 所示。进入管制与企业成本加成在 1% 显著性水平上正相关，其中审批时间的估计系数为 0.103，审批步骤估计系数为 0.140，审批成本估计系数为 0.208，最低注册资本金的估计系数为 0.068。从估计系数的边际效应看，进入管制的审批成本对企业成本加成的影响最大，其次是审批步骤，再次是审批时间，最后是开办企业的最低注册资本金。上述估计结果表明，进入管制的强度越大，企业具有的垄断势力越强，其价格成本加成率越高,这一实证结果符合进入管制的公共选择理论。因此,放松企业进入管制、对开办企业的行政审批予以简政放权,可以降低企业的成本加成,有利于维护市场公平竞争。

表2　　　　　　　　　　基准估计结果（被解释变量：mp_acf）

变量	（1）审批时间	（2）审批步骤	（3）审批成本	（4）最低注册资本金
$entry\_time$	0.103*** (0.005)			
$entry\_step$		0.140*** (0.006)		
$entry\_cost$			0.208*** (0.008)	
$entry\_setup$				0.068*** (0.003)
$export$	-0.002 (0.004)	-0.002 (0.004)	-0.002 (0.004)	-0.002 (0.004)
$scale$	0.021*** (0.002)	0.021*** (0.002)	0.021*** (0.002)	0.021*** (0.002)
age	0.076*** (0.003)	0.077*** (0.003)	0.073*** (0.003)	0.076*** (0.003)
$turnover$	-0.021*** (0.006)	-0.021*** (0.006)	-0.019*** (0.006)	-0.021*** (0.006)
$credict$	-0.117 (0.112)	-0.117 (0.112)	-0.117 (0.112)	-0.117 (0.112)
$profit$	0.012 (0.008)	0.012 (0.008)	0.012 (0.008)	0.012 (0.008)
常数项	0.672*** (0.054)	0.674*** (0.054)	0.657*** (0.054)	0.673*** (0.054)
面板F统计量	5.22***	5.21***	5.16***	5.21***
省份、行业固定效应	是	是	是	是
观测值	872363	872363	872363	872363
R^2	0.006	0.006	0.007	0.006

注：***、**和*分别表示在1%、5%和10%水平下显著。括号内为t统计量。

关于控制变量的估计结果。出口哑变量的估计系数为负但不显著，说明出口企业与非出口企业在成本加成上没有明显的差异。中国的出口企业多以劳动密集型企业为主，通过压低劳动力成本价格来获得出口中的比较优势。企业规模与成本加成之间显著正相关，企业规模越大意味着其拥有规模经济效应，规模经济可以降低企业边际成本。企业规模越大其占有的市场份额越多，企业拥有一定的市场势力或实行垄断定价，在保持边际成本不变的条件下可以提高企业成本加成。经营年限与企业成本加成在1%显著性水平上正相关，经营时间越长表明该企业的经营状况和行业的市场结构趋于稳定。信贷约束对企业成本加成的影响为负，本文以利息支出作为信贷约束的代理变量，企业能否获得利息与其经营状况、利润水平或生产率有关。企业利息支出越多说明其获得的贷款越多，企业面临的流动性约束越小，经营状况良好，生产率水平较高。行业更替率与企业成本加成显著负相关，行业更替率越高，表明进入企业和退出企业的数量越多，行业的竞争程度越高，企业的垄断势力越弱。利润率的估计系数为正但不显著，利润率越高表明企业可以获得相应的垄断利润，其可能来自企业所拥有的市场势力以实行垄断定价，也可能源于企业产品差异化导致的需求大于供给，企业可以获得更多的消费者剩余。在接下来的分析中，本文借鉴简科夫等[23]的研究思路，以开办企业的审批时间、成本和步骤作为解释变量展开实证分析。

（二）异质性分析

本文分别从企业、行业和省份三个维度分析进入管制对成本加成影响的异质性。在企业微观层面，本文分析进入管制对国有与非国有企业的差异性影响。关于国有企业与非国有企业的划分，本文根据企业登记注册类型将国有企业、国有独资公司、国有联营、国有与集体联营划分为国有企业，其他企业划分为非国有企业。估计结果如表3所示，进入管制的时间、步骤和成本对国有企业的影响要高于非国有企业，也就是说，国有企业从进入管制中获得的垄断势力要高于非国有企业。一方面，偏向国有企业的政策倾斜和制度安排是其垄断势力的主要来源，例如，要素价格扭曲使得国有企业可以获得更低的要素价格以降低生产成本；另一方面，行业内国有企业比重越高，表明该行业的行政性进入壁垒越强，企业拥有的垄断势力越高，可以实行垄断定价。

表3　　企业异质性估计结果

变量	(1) 非国有	(2) 国有	(3) 非国有	(4) 国有	(5) 非国有	(6) 国有
$entry\_time$	0.095*** (0.005)	0.173*** (0.020)				
$entry\_step$			0.129*** (0.007)	0.243*** (0.028)		
$entry\_cost$					0.196*** (0.008)	0.274*** (0.032)
$export$	-0.001 (0.004)	-0.012 (0.026)	-0.001 (0.004)	-0.012 (0.026)	-0.001 (0.004)	-0.012 (0.026)
$scale$	0.021*** (0.002)	0.002 (0.013)	0.021*** (0.002)	0.001 (0.013)	0.021*** (0.002)	0.001 (0.013)
age	0.082*** (0.003)	0.017 (0.022)	0.082*** (0.003)	0.017 (0.022)	0.078*** (0.003)	0.019 (0.022)
$turnover$	-0.022*** (0.006)	0.055 (0.046)	-0.022*** (0.006)	0.055 (0.045)	-0.021*** (0.006)	0.052 (0.046)
$credict$	-0.137 (0.131)	-0.121 (0.083)	-0.137 (0.131)	-0.121 (0.083)	-0.137 (0.131)	-0.120 (0.083)
$profit$	0.021 (0.019)	0.004** (0.002)	0.021 (0.019)	0.004** (0.002)	0.021 (0.019)	0.004** (0.002)
常数项	0.703*** (0.055)	-0.443 (0.449)	0.706*** (0.055)	-0.444 (0.449)	0.688*** (0.055)	-0.403 (0.449)
观测值	842710	29653	842710	29653	842710	29653
R^2	0.007	0.007	0.007	0.007	0.007	0.007

注：***、**和*分别表示在1%、5%和10%水平下显著。括号内为t统计量。

在行业异质性方面，本文将中国制造业两位代码行业划分为高新技术、劳动密集型和资本密集型三类行业。高新技术行业包括通信设备、计算机及其他电子设备制造业、医药制造等4个行业，劳动密集型行业包括农副食品加工、食品、饮料制造业、纺织等12个行业，资本密集型行业包括石油加工、炼焦及核燃料加工业、化学原料及化学制品业、橡胶制品、金属制品等11个行业。分行业估计结果如表4所示，进入管制对三类行业的影响均显著为正，但对劳动密集型行业成本加成的影响最大，资本密集型行业次之，高新技术行业最低。对于企业进入管制而言，劳动密集型行业的进入门槛要低于高新技术行业和资本密集型行业，放松管制对劳动密集型企业的影响要高于高新技术企业和资本密集型企业。

在地区异质性方面，我们将30个省份划分为东、中、西三个地区，东部地区包括北京、天津、上海、江苏、浙江、广东等12个省，中部地区包括山西、河南、安徽、湖北、湖南等9个省份，西部地区包括四川、重庆、云南、贵州等9个省份，分地区的估计结果如表5所示。进入管制对中部地区企业的影响最大，其次是西部地区，最后是东部地区。另外，异质性分析可以视为对实证结果的稳健性检验，本文从企业、行业、地区三个维度进一步检验了进入管制对企业成本加成的影响。

（三）稳健性检验

为了进一步检验进入管制对企业成本加成的影响，本文尝试从以下三个方面进行稳健性检验：一是根据李文森和彼得（Levinsohn and Petrin）[26]提出的半参数方法（LP方法）估计企业生产函数，并以此为基础估算企业的成本加成。与ACF估计方法不同，LP方法以中间投入作为解决内生性问题的工具变量，认为劳动投入不存在动态影响，这样会高估劳动投入产出弹性的估计系数，进而高估企业的成本加成。以LP方法估计的企业成本加成的回归结果如表6模型（1）~（3）所示，进入管制时间、步骤与成本的估计系数要高于ACF的基准估计结果。二是内生性问题的处理。本文以滞后一期的解释变量作为进入管制的工具变量，采用面板工具变量固定效应估计方法，估计结果如表6模型（4）~（6）所示。进入管制时间、步骤及成本与企业成本加成显著正相关。上述稳健性检验的估计结果进一步验证了本文研究的基本结论。

表4　行业异质性估计结果

变量	(1)	(2)	(3)	(4)	(5)	(6)	(7)	(8)	(9)
	高新	劳动	资本	高新	劳动	资本	高新	劳动	资本
$entry\_time$	0.059** (0.023)	0.149*** (0.013)	0.100*** (0.005)						
$entry\_step$				0.077** (0.032)	0.202*** (0.018)	0.136*** (0.007)			
$entry\_cost$							0.160*** (0.041)	0.298*** (0.021)	0.200*** (0.009)
常数项	-0.066 (0.345)	0.826*** (0.077)	0.447*** (0.093)	-0.068 (0.345)	0.827*** (0.077)	0.453*** (0.093)	-0.044 (0.344)	0.819*** (0.077)	0.417*** (0.093)
控制变量	有	有	有	有	有	有	有	有	有
观测值	62815	313723	495825	62815	313723	495825	62815	313723	495825
R^2	0.016	0.009	0.007	0.016	0.008	0.007	0.016	0.009	0.007

注：***，** 和 * 分别表示在1%，5%和10%水平下显著。括号内为 t 统计量。限于篇幅原因，没有列示控制变量的估计结果。

表5 区域异质性估计结果

变量	(1) 东	(2) 中	(3) 西	(4) 东	(5) 中	(6) 西	(7) 东	(8) 中	(9) 西
entry_time	0.057*** (0.005)	0.229*** (0.011)	0.146*** (0.014)						
entry_step				0.078*** (0.007)	0.327*** (0.016)	0.208*** (0.019)			
entry_cost							0.126*** (0.011)	0.333*** (0.016)	0.199*** (0.019)
常数项	0.632*** (0.058)	0.982*** (0.170)	0.420 (0.263)	0.632*** (0.058)	0.983*** (0.170)	0.419 (0.263)	0.629*** (0.058)	0.995*** (0.170)	0.419 (0.262)
控制变量	有	有	有	有	有	有	有	有	有
观测值	674677	138101	59585	674677	138101	59585	674677	138101	59585
R^2	0.004	0.031	0.010	0.004	0.031	0.010	0.004	0.031	0.010

注：***，**和*分别表示在1%，5%和10%水平下显著。括号内为t统计量。限于篇幅原因，没有列示控制变量的估计结果。

表 6 稳健性检验

变量	(1) mp_lp	(2) mp_lp	(3) mp_lp	(4) mp_acf	(5) mp_acf	(6) mp_acf
entry_time	0.106*** (0.005)			0.088*** (0.011)		
entry_step		0.144*** (0.006)			0.119*** (0.016)	
entry_cost			0.213*** (0.008)			0.190*** (0.019)
export	-0.002 (0.004)	-0.002 (0.004)	-0.002 (0.004)	-0.064*** (0.005)	-0.064*** (0.005)	-0.062*** (0.005)
scale	0.021*** (0.002)	0.021*** (0.002)	0.020*** (0.002)	0.009*** (0.003)	0.009*** (0.003)	0.008*** (0.003)
age	0.075*** (0.003)	0.075*** (0.003)	0.071*** (0.003)	0.009* (0.005)	0.009* (0.005)	0.003 (0.005)
turnover	-0.060*** (0.006)	-0.060*** (0.006)	-0.059*** (0.006)	-0.019** (0.008)	-0.020** (0.008)	-0.018** (0.008)
credit	-0.117 (0.112)	-0.117 (0.112)	-0.117 (0.111)	-2.174*** (0.559)	-2.174*** (0.559)	-2.171*** (0.559)

续表

变量	(1) mp_lp	(2) mp_lp	(3) mp_lp	(4) mp_acf	(5) mp_acf	(6) mp_acf
$profit$	0.012 (0.008)	0.012 (0.008)	0.012 (0.008)	-0.019** (0.008)	-0.019** (0.008)	-0.019** (0.008)
常数项	0.062 (0.054)	0.064 (0.054)	0.047 (0.054)			
Kleibergen-Paap rk LM				7341.999	7273.301	6194.227
Kleibergen-Paap rk Wald F				5662.563	5585.852	5096.132
观测值	872363	872363	872363	506492	506492	506492
R^2	0.007	0.007	0.007	0.005	0.005	0.006

注：***、**和*分别表示在1%、5%和10%水平下显著。括号内为 t 统计量。

（四）机制分析

在对进入管制与企业成本加成的影响关系进行实证检验之后，本文通过中介效应模型进一步分析二者之间的作用机制。借鉴任曙明和张静[10]、夏杰长和刘诚[27]的做法，以企业的寻租成本作为影响进入管制与企业成本加成之间的中介变量，企业寻租成本等于销售费用、管理费用与财务费用之和。中介效应计量模型如式（9）~（11）所示，以基准计量模型式（9）表示进入管制对企业成本加成影响的总效应；式（10）表示中介变量计量模型，以企业寻租成本 $mcost$ 作为被解释变量，进入管制作为解释变量；式（11）表示加入中介变量寻租成本后的计量模型，在控制企业的寻租成本后，可以识别进入管制对企业成本加成的间接影响[28]。

$$mkp_{ijpt} = \beta_0 + \beta_1 entrg_{jpt} + \beta_X X_{ijpt} + D_p + D_j + \alpha_i + \varepsilon_{ijpt} \quad (9)$$

$$mcost_{ijpt} = \gamma_0 + \gamma_1 entrg_{jpt} + \gamma_X X_{ijpt} + D_p + D_j + \alpha_i + e_{ijpt} \quad (10)$$

$$mkp_{ijpt} = \theta_0 + \theta_1 entrg_{jpt} + \theta_2 mcost_{ijpt} + \theta_X X_{ijpt} + D_p + D_j + \alpha_i + u_{ijpt} \quad (11)$$

进入管制对企业成本加成的中介效应估计结果如表7所示。参数 β_1 表示进入管制对企业成本加成的总效应，本文在表2中列示了进入管制的总效应估计结果，进入管制时间、步骤、成本和最低注册资本金的估计系数分别为0.103、0.140、0.208和0.068。以企业寻租成本作为被解释变量的估计结果如表7中模型（1）、（3）、（5）、（7）所示，进入管制与企业寻租成本至少在5%的显著性水平上正相关，进入管制强度越大，企业的寻租成本越大，这与进入管制的公共选择理论相一致。表7中模型（2）、（4）、（6）、（8）表示控制中介变量后的估计结果，此时的进入管制时间、步骤、成本和最低注册资本金的估计系数分别为0.029、0.038、0.079和0.019，与基准估计结果相比，进入管制的估计系数明显减小，此时的估计系数表示进入管制对企业成本加成的直接效应。上述估计结果表明，进入管制不仅会直接影响企业成本加成，而且可以通过增加企业寻租成本间接影响成本加成，寻租成本在进入管制与成本加成影响中存在中介效应。

表7 影响机制分析（中介效应估计结果）

变量	(1) transcost	(2) mp_acf	(3) transcost	(4) mp_acf	(5) transcost	(6) mp_acf	(7) transcost	(8) mp_acf
transcost		0.183*** (0.003)		0.183*** (0.003)		0.182*** (0.003)		0.183*** (0.003)
entry_time	0.028** (0.011)	0.029*** (0.005)						
entry_step			0.036** (0.015)	0.038*** (0.006)				
entry_cost					0.100*** (0.019)	0.079*** (0.008)		
entry_setup							0.020*** (0.007)	0.019*** (0.003)
export	0.094*** (0.008)	−0.015*** (0.004)	0.094*** (0.008)	−0.015*** (0.004)	0.094*** (0.008)	−0.014*** (0.004)	0.094*** (0.008)	−0.015*** (0.004)
scale	0.074*** (0.003)	−0.012*** (0.002)	0.074*** (0.003)	−0.012*** (0.002)	0.073*** (0.003)	−0.012*** (0.002)	0.074*** (0.003)	−0.012*** (0.002)
age	0.082*** (0.006)	0.005* (0.003)	0.082*** (0.006)	0.006* (0.003)	0.075*** (0.006)	0.002 (0.003)	0.081*** (0.006)	0.005* (0.003)

续表

变量	(1)	(2)	(3)	(4)	(5)	(6)	(7)	(8)
	transcost	mp_acf	transcost	mp_acf	transcost	mp_acf	transcost	mp_acf
turnover	0.034***	-0.018***	0.034***	-0.018***	0.036***	-0.017***	0.034***	-0.018***
	(0.012)	(0.006)	(0.012)	(0.006)	(0.012)	(0.006)	(0.012)	(0.006)
credit	0.021	-0.090	0.021	-0.090	0.022	-0.090	0.021	-0.090
	(0.066)	(0.089)	(0.066)	(0.089)	(0.067)	(0.089)	(0.066)	(0.089)
profit	0.017***	0.010	0.017***	0.010	0.017***	0.010	0.017***	0.010
	(0.005)	(0.007)	(0.005)	(0.007)	(0.005)	(0.007)	(0.005)	(0.007)
常数项	-0.380***	-0.693***	-0.378***	-0.692***	-0.404***	-0.697***	-0.381***	-0.692***
	(0.109)	(0.058)	(0.109)	(0.058)	(0.109)	(0.058)	(0.109)	(0.058)
观测值	872363	872363	872363	872363	872363	872363	872363	872363
R^2	0.002	0.031	0.002	0.031	0.002	0.031	0.002	0.031

注：***、** 和 * 分别表示在1%、5%和10%水平下显著。括号内为 t 统计量。

六、主要研究结论

成本加成作为度量企业垄断势力的重要指标,反映了市场的公平竞争程度。在"放管服"改革背景下,以公正监管维护公平竞争对于深入推进行政审批改革、激发市场主体活力具有重要影响。鉴于此,本文从进入管制视角实证分析其对企业成本加成的影响及作用机理。利用世界银行发布的《2008中国营商环境报告》和中国工业企业数据库的微观数据,本文通过生产法估算企业成本加成,并以营商环境报告中开办企业的审批时间、成本和步骤作为进入管制代理变量。实证结果表明:(1)进入管制对企业成本加成的影响显著为正,进入管制强度越大,企业成本加成越高,其拥有的市场垄断势力越强,越不利于市场的公平竞争。(2)进入管制对企业成本加成的影响存在异质性。在企业微观层面,进入管制对国有企业成本加成的影响要高于非国有企业;在行业层面,进入管制对劳动密集型行业的影响最大,其次是资本密集型行业,最后是高新技术行业;在区域差异性方面,进入管制对中部地区企业成本加成的影响最大,西部地区次之,对东部地区企业的影响最小。(3)进一步以企业的寻租成本作为中介变量的实证分析发现,进入管制不仅会直接影响企业成本加成,而且可以通过增加企业寻租成本间接影响成本加成,寻租成本在进入管制与成本加成影响中存在中介效应。此外,本文进行了一系列的稳健性检验来验证结论的显著性。

本文的研究启示在于:以公正监管维护公平竞争作为理解和把握政府与市场关系的切入点,其目标在于最大限度减少政府对市场的干预和对资源的配置,充分发挥市场竞争机制,减少政府部门对市场主体活动的行政干预。同时各级政府部门相互合作,形成优势互补、职能协调的政务服务体系,转变政府职能、提高服务效率,不断完善和优化营商环境。放松进入管制、降低准入门槛不仅体现在产品市场层面,而且要体现在供给侧的要素市场层面。政府应创新监管模式、全面实施负面清单准入机制,通过完善市场机制激发各类市场主体活力。

参考文献

[1] 毕青苗,陈希路,徐现祥,等. 行政审批改革与企业进入 [J]. 经济研究. 2018, 53 (2): 140 – 155.

［2］朱旭峰，张友浪．创新与扩散：新型行政审批制度在中国城市的兴起［J］．管理世界，2015（10）：91-105.

［3］Pigou A. The Economics of Welfare［M］. 4th edn. London：Macmillany，1938.

［4］Stigler J. The Theory of Economic Regulation［J］. Bell Journal of Economics，1971，1：3-21.

［5］De Loecker, J. and F. Warzynski. Markups and Firm-level Export Status［J］. American Economic Review，2012，102（6）：2437-2471.

［6］钱学锋，范冬梅．国际贸易与企业成本加成：一个文献综述［J］．经济研究，2015（2）：172-185.

［7］钱学锋，潘莹，毛海涛．出口退税、企业成本加成与资源误置［J］．世界经济，2015（8）：80-106.

［8］余淼杰，袁东．贸易自由化、加工贸易与成本加成——来自我国制造业企业的证据［J］．管理世界，2016（9）：33-43+54.

［9］高翔，黄建忠．政府补贴对出口企业成本加成的影响研究——基于微观企业数据的经验分析［J］．产业经济研究，2019（4）：49-60.

［10］任曙明，张静．补贴、寻租成本与加成率——基于中国装备制造企业的实证研究［J］．管理世界，2013（10）：118-129.

［11］盛丹．国有企业改制、竞争程度与社会福利——基于企业成本加成率的考察［J］．经济学（季刊），2013，12（4）：1465-1490.

［12］孙一菡，谢建国，徐保昌．最低工资标准与企业成本加成——来自中国制造业企业的证据［J］．中国经济问题，2018，311（6）：125-138.

［13］Domowitz, I., R. G. Hubbard, and B. C. Petersen. Market Structure and Cyclical Fluctuations in U. S. Manufacturing［J］. Review of Economics and Statistics，1988，70（1）：55-66.

［14］Bresnahan T. F. Departures from marginal-cost pricing in the American automobile industry：Estimates for 1977-1978［J］. Journal of Econometrics，1981，17（2）：201-227.

［15］Hall, R. E. The Relation between Price and Marginal Cost in U. S. Industry［J］. Journal of Political Economy，1988，96（5）：921-947.

［16］Melitz, M. J. The Impact of Trade on Intra-industry Reallocations and Aggregate Industry Productivity［J］. Econometrica，2003，71（6）：1695-1725.

［17］Meltiz M. J., Ottaviano I. P. Market size, trade, and productivity［J］. Review of Economic Studies，2008，75（1）：295-316.

［18］De Loecker J., Goldberg P. K., Khandelwal A. K., et al. Prices, Markups, and Trade Reform［J］. Econometrica，2016，84（2）：445-510.

［19］黄枫，吴纯杰．市场势力测度与影响因素分析——基于我国化学药品制造业研究［J］．经济学（季刊），2013（2）：511-526.

[20] 刘玉海, 黄超. 中国钢铁产业市场势力与规模经济的直接测度——基于劳动力市场不完全竞争的视角 [J]. 当代经济科学, 2017, 39 (6): 43 – 54.

[21] Chen, Z. and P. Rey. Loss Leading as an Exploitative Practice [J]. American Economic Review, 2012, 102 (7): 3462 – 3482.

[22] Ackerberg, D. A., Caves, K., & Frazer, D. Identification properties of recent production function estimators. Econometrica, 2015, 83 (6): 2411 – 2451.

[23] Djankov S., La Porta R., Lopez-de-Silanes F., et al. The regulation of entry [J]. The quarterly Journal of economics, 2002, 117 (1): 1 – 37.

[24] 王磊. 行政审批对中国制造业生产率的影响及其机制研究——基于进入管制视角 [J]. 产业经济研究, 2020 (2): 102 – 115.

[25] Brandt L., Biesebroeck J. V., Zhang Y. Creative accounting or creative destruction? Firm-level productivity growth in Chinese manufacturing [J]. Journal of Development Economics, 2012, 97 (2): 339 – 351.

[26] Levinsohn J., Petrin A. Estimating production functions using inputs to control for unobservables [J]. Review of Economic Studies, 2003, 70 (2): 317 – 341.

[27] 夏杰长, 刘诚. 行政审批改革、交易费用与中国经济增长 [J]. 管理世界. 2017 (4): 47 – 59.

[28] 温忠麟, 叶宝娟. 中介效应分析: 方法和模型发展 [J]. 心理科学进展. 2014, 22 (5): 731 – 745.

中国可再生能源发电产业的规制政策与规制效果分析*

梁树广 于 婷**

摘 要 近年来，中国可再生能源发电产业发展迅速，对能源消费量贡献日益显著。这与中国采取的规制政策密切相关。但是，随着可再生能源发电产业的规模、技术和综合实力的变化，可再生能源发电产业的规制模式、规制政策工具和规制机制亟须优化。本文首先分析了支持可再生能源发电产业发展的价格规制政策、财税规制政策、配额规制政策、净计量电价规制政策以及绿色证书规制政策；其次分析当前使用规制工具对可再生能源发电产业的总量、价格、进入和法律规制效果及其存在问题，并提出政府规制工具改善策略，从而为政府制定更好的规制政策提供有益参考。

关键词 可再生能源 发电产业 规制效果 规制政策

可再生能源发电产业是指利用直接或者间接地来自太阳、地球内部深处或者海洋波动所产生的太阳能、风能、生物质能、地热能、水能和海洋能所产生的能量进行发电的相关产业。相对于不可再生能源发电产业，如利用煤炭和核能发电，可再生能源发电具有对环境污染少、原材料储量大、接近无限等优势，这对于解决当前中国的环境污染问题和可再生资源的枯竭问题具有重要战略意义。因此，世界各国都在采取各种措施促进可再生能源发电产业发展。自2006年实施《中华人民共和国可再生能源法》以来，中国逐步出台了对可再生能源发电产业的价格、财税、金融等一系列优惠支持政策，促进了可再生能源发电产业快速发展，对能源消费总量的贡献日益显著。2019

---

* 国家社科规划基金项目"环境规制驱动城市经济高质量发展的机制与路径研究"（19BJY071）。
** 梁树广，聊城大学商学院副教授；于婷，山东省行政管理科学研究所助理研究员。

年中国可再生能源发电装机容量、发电量分别为7.94亿千瓦、2.04万亿千瓦时，分别占全国装机容量和发电量的39.5%和27.86%，为实现2020年中国非石化能源占一次能源消费总量比重的15%目标提供了有力支撑。在规模扩大的同时，可再生能源发电产业技术水平持续提升，成本不断下降，已具备和传统能源竞争的基础，逐步成为中国能源结构转型的重要力量。

但是，随着经济和社会的发展，中国可再生能源发电产业的产能过剩、补贴资金缺口持续增加，交易系统不顺畅、国家支持网络建设滞后、市场定价机制不完善，严重制约和影响可再生能源发电产业的发展。这一系列深层次问题，与规制政策工具选择和规制政策实施机制有密切关系。另外，当前对于可再生能源发电产业规制理论研究比较缺乏，政策具有不完善性。基于此，本文从规制经济学视角出发，分析当前使用规制政策工具对可再生能源发电产业总量、价格、进入和法律规制效果及其存在问题，并提出政府规制政策改善策略，从而为政府制定更好的规制政策提供有益参考。

一、可再生能源发电产业的规制政策工具分析

21世纪以来，可再生能源发电产业在全球范围内得到迅速发展，其中政府规制政策起到重要作用。对于可再生能源产业的规制主要是通过价格规制、财税规制、从量规制等方式支持其发展。中国主要通过提高上网电价补贴、配额制、可再生能源发展基金三种方式协同支持可再生能源发电产业发展。近年来，中国也在尝试利用更加市场化的规制政策工具扶持和激励可再生能源发电产业发展。

（一）价格规制政策

对可再生能源发电产业的价格规制政策主要是上网电价补贴政策，是指政府制定一个高于市场价格的收购价格，给予可再生能源发电产业以政策优惠，要求电网企业在一定期限内收购可再生能源发电者的发电量，可再生能源电价与市场电价的差额由政府或消费者进行分摊。当今世界各国，大多是通过上网电价补贴政策促进可再生能源发电产业发展，其中以中国、西班牙、德国、丹麦为代表。中国自2006年起开始实施《中华人民共和国可再生能源法》和《可再生能源发电价格和费用分摊管理试行办法》，正式构建了中国上网电价补贴政策框架。可再生能源上网电价补贴政策发展至今的十几年间，越来越多的高成本可再生能源发电技术被纳入补贴范围。同时，根据可再生

能源发电技术水平和发展阶段不同，政府一般会不断地调整和完善可再生能源发电的上网电价定价。图1显示了中国可再生能源上网电价补贴实施时间和覆盖范围变化。

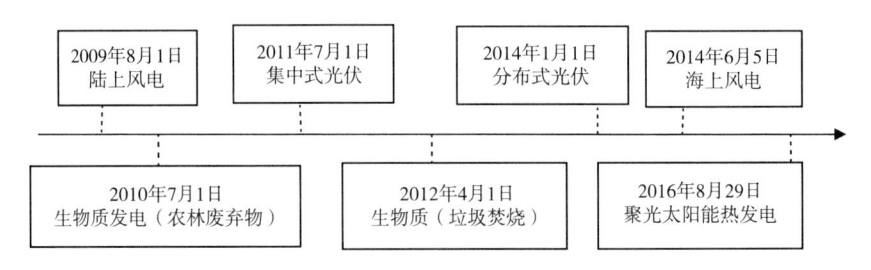

```
2009年8月1日        2011年7月1日        2014年1月1日        2014年6月5日
陆上风电            集中式光伏          分布式光伏          海上风电

      2010年7月1日              2012年4月1日              2016年8月29日
      生物质发电（农林废弃物）   生物质（垃圾焚烧）        聚光太阳能热发电
```

图1　中国可再生能源上网电价补贴实施时间和覆盖范围变化

（二）财税规制政策

财税规制政策是指政府利用政府支出和税收变动政策推动可再生能源发电产业技术的研发、应用和商业化进程，具体来说就是通过税收优惠政策或者给予可再生能源技术研发补贴政策。中国中央政府和地方政府为了扶持可再生能源发电产业发展出台了一系列的财政补贴政策和税收政策。其中财政补贴政策主要包括可再生能源发电投资补贴、上网电价补贴、投资贴息补贴、研究开发补贴等。税收政策主要包括税收抵免政策和税收优惠政策。自2001年起，对生物质发电、风力发电实施了增值税退税政策；对进口可再生能源设备实施了免征进口关税和增值税政策；对于部分开发可再生能源项目实施了享受减免按15%的税率征收企业所得税优惠政策等。

（三）补贴规制政策

对于可再生能源发电产业的补贴规制政策主要是可再生能源发展基金，指中央政府通过安排专门财政预算资金或者依法向可再生能源电力使用者征收电价附加收入，构成可再生能源发展基金，用于支持可再生能源发电及开发利用活动。中国主要通过向省级电网企业和地方独立电网企业销售电量征收电价附加，筹集可再生能源发展基金，用于上网电价补贴。中国自2011年起，实施《可再生能源发展基金征收使用管理暂行办法》，该办法规定可再生能源发展基金主要用于支持以风电和太阳能发电为代表的可再生能源发电产业，从额度来看，补贴的绝大部分来自对符合条件的销售电量所征收的电价附加。随着可再生能源发电量迅速增加，可再生能源发电的补贴需求与可再生能源发展基金之间的缺口越来越大。由此，政府会随着可再生能源规模不断扩大，成本不断降低，实施补贴退坡机制，中国的补贴退坡以降低补贴电价和限制补贴容量的形式实施，各个种类的发电技术享受的补贴水平逐渐下降，同时纳入补贴名录的容量限制也更为严格。根据《关于促进非水可再生能源发电健康发展的若干意见》确定对相关项目的财政补贴办法，自2020年起，所有新增的可再生能源发电项目均将采取"以收定支"的方式进行确定。同时，新增海上风电和光热项目不再纳入中央财政补贴范围，由地方按照实际情况予以支持，按规定完成核准（备案）并于2021年12月31日前全部机组完成并网的存量海上风力发电和太阳能光热发电项目，按相应价格政策纳入中央财政补贴范围。

（四）配额规制政策

可再生能源配额规制政策是指政府为了培育可再生能源发电产业，利用法律形式，对可再生能源发电的市场份额进行强制性分配，具体是指在地区电力消费中，政府制定一个可再生能源占全部发电量的最低比例，电力生产者有义务在生产非可再生能源电力的同时必须配套生产相应最低比例的可再生能源电力，同时电力销售者和消费者必须保持销售和消费一定额度可再生能源发电量，以保证可再生能源发电量达到最低保障水平而使用的强制性措施。一般而言，可再生能源配额制会规定配额适用范围与责任主体、可再生能源发展目标、有效的可再生能源种类、绿色证书制度和奖惩措施。国外的可再生能源配额制一般是规定供电商、消费者每年必须消费一定额度的绿色电力，未完成的必须向国家支付一定的费用，其中主要以英国、美国与澳大利亚等国为代表。与上网电价补贴不同，可再生能源配额制能够保证市场需求，增强可再生能源投资者的生产信心，调动技术研发积极性，从而合理体现政府的宏观调控意图[1]。2018年3月，国家能源局发布的《可再生能源电力配额及考核办法》，首次明确了2018年、2020年各省的可再生能源电力总量配额指标、非水电可再生能源配额指标以及相关考核办法。

（五）净计量电价规制政策

净计量电价规制政策主要是针对分布式可再生能源、小型可再生能源发电生产者而采取的一种规制政策，是指拥有可再生能源发电设施的用户可以根据向电网输送的电量，从自己的电费账单上扣除一部分，即仅计算用户净消费电量[2]。主要是激励小型可再生能源发电用户积极生产和使用可再生能源电力。如果不实施该政策，小型发电用户需要承担可再生能源装置和高额发电成本。但是这种政策需要大量计价设施,实施成本较大。全球 30 多个国家都已经实施了净计量电价制度,主要有加拿大、美国、丹麦、英国、意大利、巴西和智利。中国还未开始试行净计量电价政策。

(六) 绿色电力证书规制政策

绿色电力证书规制政策是指政府机关给可再生能源发电者的上网电量颁发绿色电力证书,该证书是可再生能源发电量的确认和属性证明以及消费绿色电力的唯一凭证,由消费者按照规定价格自愿认购或者根据配额强制认购。绿色电力证书规制政策一般与配额规制政策和价格规制政策配合使用。全球很多国家通过颁发可再生能源绿色电力证书,引导全社会绿色消费,促进清洁能源消纳利用,促进可再生能源发电产业发展。中国也在尝试实施绿色电力证书规制政策。2017 年 1 月,国家发改委、财政部、能源局三部委联合发布了《关于试行可再生能源绿色电力证书核发及自愿认购交易制度的通知》,标志着绿色电力证书制度正式在中国试行,试行为陆上风电、光伏发电企业(不含分布式光伏发电)所生产的可再生能源发电量发放绿色电力证书。该办法实施将依托可再生能源发电项目信息管理系统,由国家可再生能源信息管理中心负责对外销售,在全国范围内试行可再生能源绿色电力证书核发和自愿认购。认购价格按照不高于对应可再生能源发电量电价附加资金补贴金额,并且由买卖双方协商或者通过竞价方式确定。风电、光伏发电企业将可再生能源绿色电力证书出售后,其相应的发电量将不再享受电价附加资金补贴。同时,绿色电力证书一经认购,认购者不能再次出售。

二、可再生能源发电产业的规制效果分析

本文主要分析当前使用规制政策工具对可再生能源发电产业的总量、价格、进入和法律规制效果。

(一) 总量规制效果

总量规制效果评价是指规制政策工具是否起到促进投资、增加产量供给的目标。一般是通过对比政策实施前后对总量产生影响判断。本文主要从各类可再生能源的装机容量和发电量观测可再生能源发电产业的总量规制效果。

从 2005 年中国实施各种规制政策以来，至 2018 年，可再生能源发电装机容量和发电量均居世界首位。从图 2 和图 3 可以看出，中国可再生能源发电装机容量从 2005 年的 12048 万千瓦增加到了 2018 年的 72900 万千瓦，占全部电力装机的 38.4%，年均增速 14.8%。其中水电、风电、光伏发电、生物质发电装机容量分别为 35226 万千瓦、18426 万千瓦、17463 万千瓦、1781 万千瓦。可再生能源发电量从 2005 年的 4033 亿千瓦时增加到了 2018 年的 18670 亿千瓦时，占全部发电量的 26.7%，年均增速 12.5%。其中水电、风电、光伏发电、生物质发电分别为 12329 亿千瓦时、3660 亿千瓦时、1775 亿千瓦时、906 亿千瓦时，分别占 2018 年可再生能源发电量的 66.03%、19.60%、9.50%、4.84%。我们从中可以看出，近十几年来，中国通过电价补贴、税收减免等规制政策激励了社会各界投资于可再生能源产业，显著促进了可再生能源发电量和装机容量的增加，刺激了可再生能源发电产业迅速发展。因此，政府对可再生能源发电产业的总量规制政策效果良好。

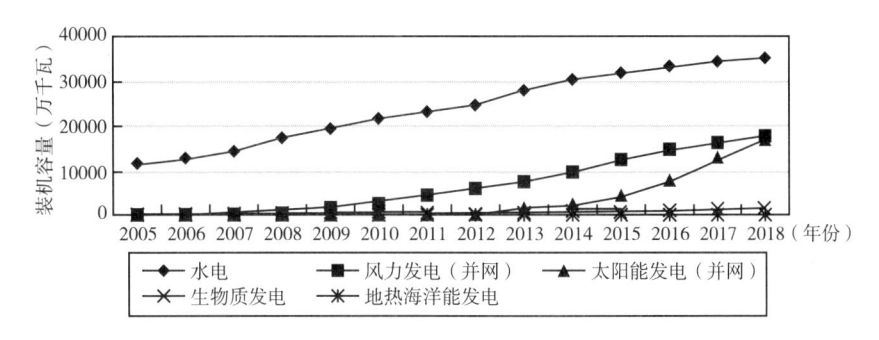

图 2　2005～2018 年中国可再生能源发电主要分类装机容量

资料来源：Wind 数据库和国家统计局。

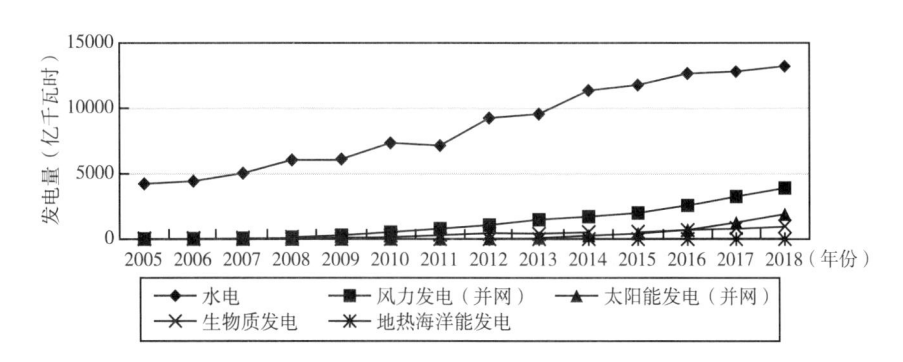

图 3　2005～2018 年中国可再生能源发电主要分类发电量

资料来源：Wind 数据库和国家统计局。

(二) 价格规制效果

价格规制效果是规制政策效果评价的核心部分,价格规制的最终效果是降低价格,保护消费者福利,提高整个社会的福利水平[3]。其中重要的指标是产品或服务的价格水平。由于可再生能源产业属于新兴产业,在发展初期市场竞争力比较弱,政府为了激励投资,初期实行价格补贴制度,为了培育其市场竞争力,一般采取各种激励性规制措施。其中最常见的就是上网价格补贴政策。可再生能源电价明显要高于火电、核电电价,但是随着价格补贴对可再生能源发电产业支持,其技术水平不断提高,成本不断降低,价格补贴将逐渐减少,电价也将逐渐降低,最终实现与非可再生能源发电电价同等水平。

大多数国家对于可再生能源发电产业实施了不同形式的价格规制政策,如上网电价补贴政策、竞价上网和净计量电价政策。从国外可再生能源发电产业发展历程来看,基于固定上网电价、由电网企业统购统销且不参与电力市场对可再生能源发电产业发展激励力度最大,但主要适用于可再生能源发电产业发展初期,可推动可再生能源发电产业快速形成一定的规模。但随着可再生能源发电规模增加导致补贴压力以及电网运行压力增加,这些国家纷纷做出政策调整,促进可再生能源直接参与电力市场。中国实施的上网价格政策并不是十分完善。一开始价格补贴比较高,出现了各地大规模开发可再生能源发电产业,后期出现了产能过剩和价格补贴缺口越来越大的现象。从表1可以看出,自2006年以来,可再生能源平均上网电价处于下降趋势中,这一方面是激励规制效果,另一方面也表明可再生能源发电规模越来越大,技术越来越先进,成本在逐渐下降,基本实现了价格规制效果。

表1　　　　　2006~2018年风电、光伏发电、
水电平均上网电价　　　　　单位:元/千千瓦时

年份	平均上网电价	平均销售电价	风电	水电	光伏	生物质
2006	330.53	499.32	—	—	—	—
2007	336.28	508.51	617.58	244.04	—	—
2008	360.34	523.10	542.48	266.06	—	—
2009	381.99	530.72	553.61	245.18	—	—
2010	384.56	571.22	—	291.20	—	—

续表

年份	平均上网电价	平均销售电价	风电	水电	光伏	生物质
2013	383.54	635.49	562.31	283.19	1064.37	720.23
2014	398.65	647.05	597.67	297.76	1075.82	846.14
2015	388.25	644.16	573.99	275.19	926.72	705.05
2016	370.97	614.83	564.72	264.60	938.21	745.02
2017	376.28	609.10	547.77	267.89	874.71	691.81
2018	373.87	599.31	529.01	267.19	859.79	677.99

资料来源：Wind 数据库、国家统计局、2013~2018 年度全国电力价格情况监管通报。

（三）进入规制效果

对于可再生能源发电产业的进入规制措施主要是许可、核准、审批制和制定标准。由于可再生能源涉及众多部门，对其进入规制涉及多种市场准入方式，从规制目标来看，有关政府部门会基于宏观调控、发展规划和产业政策要求，对可再生能源发电项目实行审批、审核和备案。中国主要是国家发改委负责全国项目的规划、政策制定和需要国家核准或审批项目的管理，其中主要是主要河流上建设的水电项目和25万千瓦及以上的水电项目和5万千瓦及以上风力发电项目。其他类型可再生能源发电项目由省级人民政府能源主管部门核准或审批，并报国家发改委核准或审批。另外，对于生物质发电、地热能发电、海洋能发电和太阳能发电项目可以向国家发改委申报，国家给予政策和资金支持。但是，除了以上规制措施外，还有基于技术、安全要求、社会、环境、文物保护、土地利用各方面规制，需要许可或者审批。尤其是开发一些可再生能源发电项目要考虑一些非物质文化遗产保护。从准入的环节来看，太阳能资源、风能资源等公共可再生能源的开发利用无须许可。但是地热资源、水能资源、海洋能资源属于国家所有，还需相关部门许可。从中可以看出中国对于可再生能源发电产业进入规制并不严格。但是，由于可再生能源还涉及其他相关部门，还有很多其他相关进入规制，且有收紧的趋势。这种比较松的进入规制效果比较明显，中国可再生能源发电项目逐年增多，且有产能过剩趋势。

（四）法规规制政策效果

自 2005 年可再生能源立法以来，中国制定了一系列有关可再生能源的政策规范，逐渐充实完善可再生能源法规规制政策体系。从法规政策演进来看，大致可以分为三个阶段。第一阶段是立法扶持阶段（2005~2014年）。该阶段主要是通过立法构建可再生能源法律规制框架，如2005年通过《中华人民共和国可再生能源法》，同时，为了保证该法的实施，还制定了一系列的政策，如2006年颁布的《可再生能源发电价格和费用分摊办法》、2009年颁布的《关于完善风力发电上网电价政策的通知》、2011年颁布的《关于完善太阳能光伏发电上网电价政策的通知》和《关于发挥价格杠杆作用促进光伏产业健康发展的通知》，这些政策进一步在补贴资金和上网电价方面进行明确规定。第二阶段是助力消纳阶段（2015~2016年）。该阶段主要是进行新一轮电改和相继出台一系列配套文件，目标是消纳可再生能源发电量以及完善收购制度。如2015年的《关于进一步深化电力体制改革的若干意见》，围绕该意见文公布了一系列的配套文件，其中主要有《关于推进电力市场建设的实施意见》《关于有序放开发用电计划的实施意见》《关于开展可再生能源就近消纳试点的通知（暂行）》以及2016年颁布的《可再生能源发电全额保障性收购管理办法》。第三阶段是引导消费阶段（2016年至今）。该阶段主要是提高可再生能源在能源消费中的比重，引导全社会进行绿色消费，促进可再生能源开发利用[4]。为此，2016年国家能源局出台了《关于建立可再生能源开发利用目标引导制度的指导意见》。2017年又颁布了《关于实施可再生能源绿色电力证书合法及自愿认购交易机制的通知》，建立可再生能源绿色电力证书认购体系，明确了"绿证"的核发认购规则。2019年5月10日，国家发改委、国家能源局发布《关于建立健全可再生能源电力消纳保障机制的通知》。

从中国对可再生能源法律框架建立与完善进程可以看出，可再生能源发电产业的法律规制框架从不健全、政策漏洞过多到逐渐完善，法律规制效果也越来良好，促进中国可再生能源发电产业向良好方向发展。

三、可再生能源发电产业规制过程中存在问题

（一）可再生能源发电产业的规制政策与电力市场化改革进程不相适应

2015年，《关于进一步深化电力体制改革的若干意见》明确规定加快构建有效竞争的电力市场结构和市场体系，加强市场在电力资源配置中的决定性作用。随着电力生产方式和消费方式转变以及电力市场化改革的逐渐深入，电力产业市场化改革的大势不可逆转，尤其是在发电端和销售端市场化改革

已经加速推进。可再生能源发电产业的上网电价补贴和全额收购等高电价规制政策，与基于市场化改革进程和市场交易的竞争性电量安排明显冲突。

（二）规制政策过度激励造成了可再生能源发电产业短期和局部产能过剩

当前对于可再生能源发电产业实施的规制政策存在过度激励问题，尤其是高上网电价规制、补贴资金中央政府承担和可再生能源发电项目审批权下放地方三项政策，导致了地方对可再生能源发电投资的过度激励。这种激励也容易产生 A-J 效应，即由于这种规制政策是允许收益直接跟随着成本的变化而变化，而导致可再生能源发电企业倾向于过渡投资来代替其他要素的投入，导致产生时在缺乏效率的高成本下生产。自 2006 年实施一系列规制政策以来，中国可再生能源发电产业迅速发展，尤其是东北、西北地区可再生能源发电项目建设过多，而当地电力消纳能力和输电网络建设滞后，导致弃风电、弃光电、弃水电现象严重。2017 年中国弃风率、弃光率、弃水率分别为 12%、6%、4.3%，而东北和西北地区均高于全国平均值。伴随着可再生能源发电产业迅速发展，上游发电设备商也出现了不同程度的产能过剩，导致利润率不断降低，部分企业已出现严重亏损[5]。这些现象都表明当前的可再生能源发电产业正面临着激励性规制而导致短期产能过剩的问题，制约了该产业的持续健康发展。

（三）与规制政策相容的配套电网和通道建设滞后

从总量规制效果和价格规制效果来看，总体上，中国可再生能源发电产业的规模在扩大，价格在不断下降，但是，产能过剩现象也在不断出现。这主要是因为电网规划和通道建设难以满足可再生能源发电和送出需要。目前，可再生能源开发的原则是就地消纳为主，但是中国 80% 以上的风能、太阳能分布在西北地区，85% 以上的待开发水能资源分布在西南地区，而西北地区、西南地区经济发展规模和电力负荷有限，需要跨区跨省消纳，区域性电源矛盾突出[6]。但是，可再生能源发电没有配套规划和输电通道，造成可再生能源电力并网难和外送难的局面。另外可再生能源发电，如风电、太阳能发电，受自然条件影响比较大，存在比较大的波动性，大规模并网后，也会给电力系统的调度运行带来较大挑战。当前电力系统还未适应大规模波动性可再生能源的接入。从 2016～2018 年特高压线路输送电量数据看，可再生能源外送尤其是风光外送消纳的总电量和比例有限，在外送通道中电量比例有一定提升但线路输送电量仍以火电为主。形成上述问题的原因一方面是自然条件和技术，另一方面是规制政策、电力管理体制与硬件设施及其区域资源的不匹配问题。

（四）规制政策过度保护导致了可再生能源发电产业市场竞争力较弱

与传统化石能源以及核能发电成本相比，可再生能源中仅有水电能够与其相竞争，风电、光伏发电和生物质能发电成本都比较高。这也是各国从法律和政策上对可再生能源发电产业进行保护和补贴的原因[7]。《中华人民共和国可再生能源法》明文规定，电网企业有责任按照政府制定的标杆电价全额收购可再生能源电力，超出市场价格的部分在全网消费者之间进行分摊。在可再生能源发电产业初期实施规制政策，进行保护和激励其发展是比较合理的。但是，随着可再生能源发电产业的规模扩大，规制政策应该从总量激励转为成本和竞争力激励。而当前规制政策主要是激励总量，未激励其降低成本和提高竞争力，这主要在于当前的规制政策主要是政府强制性规制政策，市场型和激励性规制政策工具较少。

（五）亟须调整可再生能源基金补贴规制政策的标准和机制

中国支持可再生能源发电产业发展的主要规制政策工具是可再生能源发展基金，这些资金主要来源于国家财政年度安排的专项资金和依法征收的可再生能源电价附加。但是，随着各个规制政策实施，可再生能源发电装机规模发展速度过快，超过了预期，造成了可再生能源发展基金支出和收入之间缺口越来越大，导致部分补贴资金不能及时到位。根据财政部统计，如果继续维持现有政策，"十三五"期间可再生能源基金补贴缺口累计达到2000亿元。这种补贴规制政策继续实施难度较大，有待于进一步调整补贴标准和机制。

四、可再生能源发电产业规制政策的改善策略

自2006年，中国对于可再生能源发电产业实施规制政策以来，主要以价格规制、补贴规制和税收规制支持其发展。这些规制政策对于促进可再生能源发电产业迅速发展起到了重大推动作用。随着可再生能源发电技术快速进步、市场规模迅速扩大，中国可再生能源发电已经出现从范围和区域方面逐渐开始替代不可再生能源发电的趋势，并且产业实力也在全球范围内显著提升。从装机容量和发电量指标方面看，中国已成为全球第一可再生能源发电

国。但是，在可再生能源发电产业快速发展的背后也隐藏着诸多问题和挑战，如较高价格补贴政策、配套设施建设和可再生能源支持资金缺口等问题。随着可再生能源发电产业的规模、技术和综合实力的变化，可再生能源发电产业的规制政策工具、配套设施和规制机制亟须进一步优化。

（一）优化规制政策工具，构建竞争性市场政策支持体系

从总量规制、价格规制、进入规制和法律规制效果来看，中国可再生能源发电量迅速增加，价格也在逐渐下降，企业数目也在迅速增加，法律框架体系逐渐完善，但是当前规制政策支持并不可持续。虽然中国可再生能源政策转型尚处于起步阶段，但是如果不在体制和政策工具上进行深层次变革，未来消纳可再生能源电力的难度越来越大。当前可再生能源发电产业的规模、技术和实力也决定了需要改变当前规制政策工具体系，应利用更多市场化规制工具，如绿色电力证书制度、差价合约等新型市场化规制政策工具，进而构建竞争性市场政策支持体系。在补贴模式方面，应加强对可再生能源发电量总量约束和结构优化，提高补贴资金的使用效率，降低消费者负担。在价格规制方面，应逐步实施价格退坡机制，逐渐取消对风电、光伏发电上网补贴，从而实现平价上网。

（二）加强配套可再生能源输配售网络系统建设，优化资源配置能力

当前可再生能源发电产业的弃风率、弃电率、弃水率高的主要原因是电网与电源设施不配套，电网消纳能力有限，系统调峰压力较大，跨区输电通道建设滞后和协调难度大，特高压通道的输电能力不足，存在可再生能源外送受限问题。除了硬件设施问题，在机制方面，主要是市场化交易机制不健全，市场配置资源的决定性作用还没有充分发挥。因此，要进一步加快可再生能源发电产业市场化改革，不断加强配套可再生能源输配售网络通道建设，提高可再生能源输电能力，发挥市场调节功能，扩大可再生能源跨省区市场交易，推进可再生能源发电量跨区配置。

（三）实施补贴退坡机制，逐步实现可再生能源发电市场化定价

世界各国在支持可再生能源发电产业发展时，会随着产业规模扩大和技术水平的不断提高，逐渐实施补贴退坡机制。当前，中国一些风电、光伏发电项目技术水平已经可以与燃煤发电进行同台竞争，因此，上网电价可以逐渐实现市场化竞价。2017年11月8日颁布的《国家发展改革委关于全面深化

价格机制改革的意见》提出，2020 年实现风电与燃煤发电上网电价相当的目标。《关于 2018 年光伏发电项目价格政策的通知》明确，降低 2018 年 1 月 1 日之后投运的光伏电站标杆上网电价。随着风电、光伏上网标杆电价退坡机制稳步实施，未来风电、光伏上网标杆电价下调，逐步实现风电、光伏平价上网已经成为大势所趋。

（四）以技术创新推动可再生能源发电产业发展，构建多元化商业模式

近年来，随着国家创新驱动和国家科技计划实施，可再生能源发电领域的技术创新水平得到跨越式提升，其中可再生能源发电产业的电网接入技术、输配送技术和储能技术已经实现一定的突破。但是在水电、光伏发电、风电方面需进一步推动新型储能技术规模化应用和构建智能化的电力调度交易机制，特别是在调峰调频需求较大、弃风弃光突出的地区，另外还需进一步推动生物质发电的多元化技术应用和地热能的工程规模化应用，为可再生能源发电产业大规模发展和消纳提供有力支撑。在技术创新同时，需要进一步完善绿色电力证书交易和碳市场市场机制，构建多元化的可再生能源发电、输配电、售电的商业模式，促使可再生能源发电的开发建设由低附加值开发向高附加值开发模式转变。

参考文献

[1] 张萌，张斌. 世界可再生能源发展现状及展望 [J]. 中国电力企业管理，2014 (19)：42－44.

[2] 张萌，张斌. 浅析世界可再生能源政策及发展 [N]. 中国能源报，2014－05－12 (005).

[3] 梁树广. 中国发电行业规制效果的实证研究 [D]. 沈阳：辽宁大学博士学位论文，2012.

[4] 李艳芳，林树杰. 可再生能源市场准入制度研究 [J]. 中州学刊，2010 (2)：93－97.

[5] 杨娟，刘树杰，王丹. 英、德可再生能源政策转型及其对中国的启示 [J]. 中国电力企业管理，2018 (16)：34－39.

[6] 时璟丽. 问症可再生能源电力"消纳难" [N]. 中国能源报，2018－05－14 (004).

[7] 孙鹏，张力. 中国可再生能源发电产业发展与电价政策实施 [J]. 中国科技论坛，2015 (3)：80－85.

食品安全规制的多元共治模式及实现路径研究

——以高校网络订餐为例[*]

齐文浩 刘 明 杨兴龙[**]

摘 要 近年来，互联网技术发展迅速，由互联网技术衍生出来的网络订餐行业也开始蓬勃发展。这种方便快捷的用餐方式深受年轻人喜爱，尤其受到在校大学生追捧，网络订餐已成为高校大学生主要的食物来源方式之一。但是，这种方便快捷的网络订餐服务真的安全吗？其实，在商家经营过程、政府规制过程等诸多环节都存在着一定缺陷，其背后的食品安全问题需要我们慎重考虑。网络订餐行业隐蔽性较强，传统的规制模式难以有效解决问题，多元共治规制模式则是一条不错的规制选择路径。本文以多元共治理论为基础，分析当前高校网络订餐的现状以及存在的问题，研究多元共治规制模式在高校网络订餐食品安全规制中的运用及实现路径，以求打造一个多元主体共同参与的协同规制模式，有效避免高校网络订餐食品安全问题的发生。

关键词 网络订餐 食品安全规制 大学生 多元共治

一、问题的提出

近年来，互联网技术蓬勃发展，个人终端设备不断更新，越来越强大的功能为我们的生活提供了许多便捷。网络订餐行业开始兴起，这种方便快捷

---

[*] 吉林省社会科学基金项目（2019c14）；吉林省科技发展计划资助项目（20190601025FG）；教育部人文社会科学规划基金项目（16YJA790057）。

[**] 齐文浩，吉林农业大学经济管理学院副教授；刘明，吉林农业大学经济管理学院硕士研究生；杨兴龙，吉林农业大学经济管理学院教授。

的消费方式无形中使餐饮业的商户得到了更好的发展[1]。网络订餐打破了原有的传统餐饮模式，是一种全新的消费形式，它是以互联网为媒介，通过第三方网络平台，整合网络消费资源，客户可以根据自己的需求，在手机上挑选订购，不需要到实体店就餐，在家里就可以吃上美味的食物。网络订餐行业之所以盛行，其原因在于多样的促销手段和个性化的消费方式，能够适应现代化快节奏生活。在大学校园中，网络订餐行业如此火爆的原因是多方面的，校园食堂的菜品少、口味欠佳，而网络平台入驻商家的菜品齐全、口味多样，同时，当代大学生的惰性，不规律的作息时间或遇到的恶劣天气等情况，会让大学生更倾向于网络订餐。此外，作为一名互联网时代下的大学生，互联网具有较强的吸引力，大家都愿意去接受，网络订餐在出现的极短时间内被广大学生所熟悉、认可，这种方便、快捷的用餐方式备受大学生群体的青睐。现如今，在大学校园中时常能够看到送餐员匆忙的脚步，网络订餐如此盛行，已经成为大学校园生活的一部分。

但是，相对于传统餐饮行业来说，网络订餐行业具有较强的隐蔽性，这就使得这一行业难以得到有效的监督与管理。需要我们注意的是，网络订餐食品安全规制制度目前还不完善，一些网络平台对入驻商家的资质审核并不到位。其中一些不法商家借此牟利，以次充好，很容易造成食品安全事件。近年来，媒体刊发了不少"网络订餐乱象"的调查文章，概括起来，所列举的问题主要包括：卫生条件差、缺少相关证件、证件伪造以及产品照片与现实差距大等。央视"3·15晚会"也曾曝光了某第三方网络平台在经营中存在的诸多安全问题。使用这些网络订餐平台的消费者大多是在校大学生，其缺乏一定的食品安全意识。如何才能更好地保障大学生的根本利益和人身安全，有效解决校园网络订餐行业中存在的食品安全问题呢？2017年11月，国家食品药品监督管理总局颁发《网络餐饮服务食品安全监督管理办法》，此办法除了指出政府相关部门作为网络订餐食品安全规制的主体外，还明确了第三方网络平台在规制中的主体责任和义务[2]。把网络订餐平台纳入食品安全规制体系的一部分可以有效避免食品安全问题的发生，但是在实际行动中，并未达到理想的效果，原因主要还是在于政府依然是按照传统的规制模式来解决问题，即"一家独大，威权垄断"。要想提高高校网络订餐的食品安全程度，政府必须做出改变，多元共治规制模式则是一个不错的规制路径选择。因此，以多元共治理论为基础，分析高校网络订餐食品安全规制中存在的问题，以求能够建立一个更合理、更有效的多元共治的规制模式，提升高校网络订餐食品安全规制效率，确保高校网络订餐的食品安全。

二、相关文献回顾

当前我国有关网络订餐的研究主要体现在网络订餐的消费现状调查、网络订餐平台的风险分析以及营销对策等方面，对于网络订餐的食品安全规制问题还很少有学者关注。大量研究表明，影响大学生网络订餐的因素是多种多样的，"种类""价格""时间"这三个因素占绝大部分。有学者通过实证分析得出价格低、配送费低、配送速度快是大学生选择网络订餐的首要因素[3]。当然，网络订餐背后的食品安全问题也不容忽视。通过对消费者的售后评价调查发现，有大部分负面评论认为餐饮外卖存在食品安全问题，说明食品安全问题已成为消费者对网络订餐不满意的重要原因[4]。

虽然我国对食品安全规制方面的研究起步较晚，但是受社会关注度高等因素的影响，许多学者将目光转向了食品安全规制的领域，并取得了一定成果。以政府为主体，充分发挥市场作用，引导社会组织共同参与食品安全规制，多数学者已达成共识。在食品安全规制中，政府应处于主导地位，主动承担责任和义务，这是保证政府公信力的必要前提[5]。尤其是地方政府，其与群众生活接触较多，更应该在食品安全规制中主动承担责任，发挥应有的作用，完善相关法律和制度，实事求是，最大限度保障消费者的食品安全[6]。在发挥市场作用方面，多数学者从"信息不对称"这一角度出发，分析产生"柠檬市场"现象的主要原因，提出相应解决措施。信息不对称是食品安全问题产生的根源，利用大数据技术可以有效地解决这一问题[7]。食品质量的安全关键在于食品生产企业，为了更好地保障食品安全，需要从源头治理，加强对食品企业的规制，正确落实食品生产者的主体责任。采用自主营养标签是一个不错的解决方法，它不仅可以让消费者了解到哪些是健康的食品，也可以将食品生产的信息透明化，促使企业进行透明的产品生产，从而使食品市场更加健康化[8]。另外，社会力量参与食品安全规制不容忽视。行业协会可以督促行业自律，引导食品生产企业自我规制，为政府分担压力，避免政府和市场双重失灵现象的发生[9]。新闻媒体对食品安全事件的报道，可以有效地约束食品生产企业、督促政府加强规制，拓宽了食品安全的规制路径[10]。如果从保护食品行业的目标出发来限制媒体自由度即"捂盖子"，降低媒体对食品安全事件的监督效率，实际上对食品行业的发展是不利的，其结果会大失所望[11]。政府要积极完善消费者评价机制、消费者维权保障机制等相关制度，让消费者能够省时省力地参与到食品安全规制中来，与媒体和网络沟通，加大宣传力度，及时公开信息，实现食品安全规制目标[12]。

目前我国学者研究多元共治规制模式主要在保护生态、治理流域等方面比较常见。虽然研究方法各有不同，但成果基本相似，大致有以下几个特征：一是政府转变规制理念，由一家独大变为共同参与；二是主体多元化；三是各个主体之间应建立起有效联系。在此研究基础上，部分学者开始在食品安全规制中尝试引入多元共治规制模式。公共规制模式能够整合资源，降低行政成本，提高规制效率，较好地规避政府失灵的风险和"搭便车"行为[13]。但从目前情况来看，我国实行社会共治还存在着诸多局限和障碍，如共治理念的缺失、政府职能转变的滞后、信息不对称和不通畅、行业协会作用受限以及公众参与规制的依据不足等。食品安全规制的多元共治规制模式下，政府、企业、行业协会等主体都要明确自己的责任，各个主体相互协调沟通，为同一目标出发，不断完善我国食品安全社会共治的规制机制[14]。我国历来重视食品安全问题，2015年新《食品安全法》出台，"新法"明确了各主体的法律地位，为各主体参与规制打下良好的基础，有利于协调多元主体之间的关系[15]。

以往学者在高校网络订餐食品安全规制领域研究并不多见，将多元共治理论与其结合更为稀少。因此，本文以此为创新点，总结已有的研究成果，将多元共治理论与高校网络订餐食品安全规制相结合，开辟实现高校网络订餐食品安全多元共治规制模式的有效路径，有效解决我国高校网络订餐的食品安全问题。

三、高校网络订餐食品安全规制的多元共治规制模式

（一）网络订餐的运营模式

网络订餐运营模式是O2O电商模式的一部分，所谓O2O模式，就是将线下的商务机会与互联网相结合，使互联网成为线下交易的平台。网络订餐是以第三方网络平台为媒介，将客户与消费者联系在一起，消费者在平台上进行消费的一种模式。这种运营模式的优势主要在于：首先对于线下商家而言，它采用的是线上支付的方式，商家通过支付信息可以有效获得消费者信息；其次对于消费者而言，平台上有数以万计的商家，经营种类

多样，消费者可以根据自己的喜好和需求自由选择订购；最后对于网络平台而言，这种运营模式可以带来高黏度的消费者，同时对商家也可以起到有效的推广作用，有机会吸引更多的商家加入平台。全国大大小小的网络订餐平台有许多，经营模式在大体方向上基本相似，在细节上可能会有所不同，本文以"美团"这个经营最为火爆的平台为例。美团外卖是由北京三快在线科技有限公司推出的一个网络外卖订购平台，但是其经营范围不仅仅包括订餐，还提供其他诸多服务，比如跑腿、团购、住行、观影等许多项目服务都可以在美团上购买。并且平台对移动终端做出一系列专享功能和体验，操作简单，价格实惠，赢得了众多高校大学生和社会白领的青睐。美团外卖平台自己不提供制作产品的服务，其盈利方式主要有以下几个方面：一是商家佣金，这种模式也是各大网络平台最为常见的盈利模式，主要是通过商家在平台上的交易总额，根据事先达成的协议，按照规定的比例收取费用。二是跑腿服务，平台虽然自己不提供餐饮服务，但可以提供配送服务，并向客户收取费用，或者是按照一定比例在交易成交额中提取。三是广告费用，平台也是一个市场，竞争异常激烈，商家若想获得更多的人气，利用平台打广告是一个必不可少的环节。

另外，网络订餐行业之所以如此火爆，与其营销策略是分不开的。网络订餐属于一种网络营销方式，同时又是市场营销的一种方式。4P营销理论是市场营销学中的一个重要理论，网络营销是借助于互联网技术的市场营销，因此，这个理论在网络营销中依然适用。网络订餐行业将4P营销理论与网络营销相结合。在食品生产方面，网络订餐行业的优势在于它可以将附近的所有商家整合到一起，各式各样的餐饮服务让消费者可以一目了然，而且多数是符合现代年轻人的饮食标准，为消费者节省了很多时间。在价格歧视方面，大部分商家都会根据自身条件来设置一定的优惠服务，比如"满20减5，满30减10"等，让消费者感受到优惠待遇。根据自身的销量，推出一套或几套令消费者满意的产品组合，即套餐，套餐的价格会比单点套餐里的产品更加优惠，消费者不仅愿意购买，商家还会卖出更多的产品。

虽然各大网络平台运营模式可能有所不同，但其业务流程基本相同，如图1所示。具体操作主要包括以下几个环节：第一，消费者需要在手机上下载第三方网络平台的APP，并在此APP上注册一个自己的账户，账户上有消费者的基本信息，并以此账户进行登录。第二，平台上有大量的生产经营商家，消费者可以通过搜索或平台推荐来获取商家目录，商家有自己的详情页面，页面上有商家的简介和商品的详细介绍，消费者可以根据自己的需求选择自己想要的餐饮服务。第三，消费者通过第三方网络平台下达订单，此时，平台将会收到消费者的订餐信息，并代收消费者已支付的货款，然后将订餐信息发送给入驻商家，商家根据此信息来制作产品，配送员根据此信息来提供配送服务。第四，配送员将产品送到消费者指定的地点，待消费者确认收到产品后，在平台上点击确认收货。此时平台将此前代收的货款转付给商家，消费者用餐后可以对此商家餐饮服务进行评价。至此，网络订餐服务完成。

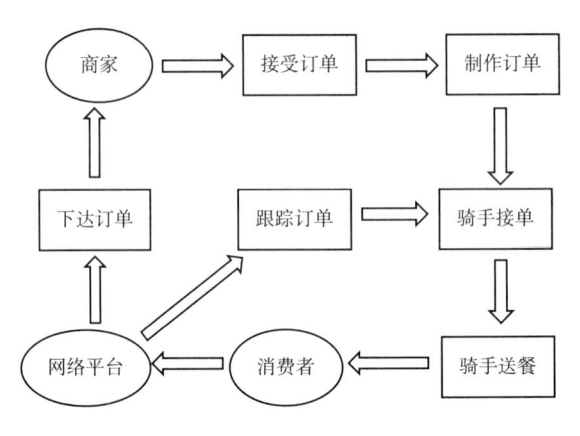

图 1　网络订餐业务流程

网络订餐行业依靠其方便、快捷、种类多样等鲜明特点在高强度的市场竞争中立足，并受到众多年轻人的青睐。在互联网时代下，网络订餐一经推出，便得到了迅速的发展，在今后的一段时间里，仍会不断地完善，不断地向前发展。

（二）高校网络订餐食品安全规制中规制主体的确定

与传统的餐饮行业相比，网络订餐行业隐蔽性较强，传统的规制手段往往存在局限性，单独靠政府的力量难以满足市场经济发展的新需求，这就需要各个主体的积极参与，采用多元共治的规制模式，依靠群体的力量来解决此问题。高校网络订餐食品安全规制中包含以下几个重要主体：

1. 主导型主体：政府

为了有效缓解食品安全问题的发生，维护社会秩序，保障人身安全，政府作为食品安全规制的主导型主体是合理而且必要的。每一个国家的政府都有为社会提供食品安全保障的重要职责，但政府的工作方法有时也会存在缺陷，尤其是针对网络订餐行业，政府的规制难度更大。从政府角度来看，作为多元共治的一个主体，其关键在于放弃对规制过程的全面掌控，让更多的主体可以参与其中，在多元共治规制模式下，政府要将之前的替代作用转变为补充作用，引导各个主体积极参与规制，各个主体之间要及时沟通相关信息，有效解决信息不对称等问题。

2. 市场型主体：第三方网络平台、商家

网络订餐行业的特点是其依靠第三方网络平台来沟通，在这种交易模式下，商家提供的餐饮服务仍是食品安全问题的关键。但是，消费者在交易过程中，只能够看到第三方网络平台对商品的介绍，并不能直观感受到商家实体店铺信息，因此对商家的食品安全保障能力也无法确定，这就需要第三方网络平台发挥其作用。第三方网络平台充当消费者与商户之间的中介，在网络订餐食品安全规制中是一个不可或缺的规制主体，有义务在维护网络订餐食品安全上贡献自己的力量。

网络订餐行业与传统餐饮行业的一个共同之处就是食品安全问题的关键仍是商家提供的餐饮服务。网络订餐行业的食品安全信息主要来自商家的详情介绍以及上传的商品图片与描述，消费者并不能直观感受到商品的卫生状态以及其安全问题。要想解决网络订餐食品安全问题，需要从源头出发，将目光对准商家这一规制主体，使商家真正做到行业自律是解决问题的关键。

3. 社会型主体：新闻媒体、行业协会、学校

网络订餐行业的隐蔽性更强，信息不对称表现得更加明显。通过新闻媒体的曝光，使信息透明化、公开化，可以有效解决信息不对称等问题。通过新闻媒体曝光，既能使消费者了解到最新信息，又能得到社会各界的广泛关注，使商家做到自律。自由的媒体监督是网络订餐食品安全规制中的一个重要环节，要充分发挥其监督及宣传作用。

行业协会对于行业本身发展规律的把握更为准确，食品安全行业协会在引导商家自律的同时也可以及时发现食品安全隐患。食品安全行业协会督促商家积极履行社会责任、保障食品质量安全、加强自我规制以实现行业自律，能够有效避免政府与市场双重失灵的问题发生，因此，行业协会是网络订餐食品安全规制中不可或缺的另一重要主体。

在高校的网络订餐食品安全问题中，学校也应该承担起自己的责任，加强对学生的教育，努力提高大学生的食品安全意识，配合政府工作，加大对学校周边的餐饮店审查，学校的工作对高校网络订餐食品安全规制会提供很

大的帮助。

4. 基础型主体：消费者

高校网络订餐的消费者以大学生群体为主，这部分群体具有一定的特殊性：由于缺乏社会阅历，大学生的食品安全意识和维权意识普遍较低。当遇到食品安全问题时，大学生不知如何维护自己的权益。网络订餐食品安全规制采用多元共治规制模式的原因就是最大程度上保障消费者的安全、维护消费者的利益。在多元共治规制模式下，消费者能否加强自我保护，关系到规制的效果和效率。消费者应化被动为主动，积极参与食品安全规制，与各个主体积极沟通，能够发挥有效作用，主动落实食品安全规制的主体责任。

（三）多元共治规制模式

多元共治是各个主体针对某一公共问题，相互协商、相互合作完成规制的过程。为了更好地理解多元共治规制模式，可以将其分为两个部分，即多元和共治。多元即多主体，所强调的是主体的多元性；共治即在多元主体的前提下实现协同治理。多元共治规制模式的理论基础是治理理论。"治理"一词最早源于拉丁文和古希腊语，联合国全球治理委员会给出了"治理"的定义：治理是个人和公共或私人机构管理其公共事务的诸多方式的总和。它是使相互冲突的或不同的利益得以调和并且采取联合行动的持续的过程[16]。治理理论所强调的是多主体的相互协作，而不是某一个主体的威权治理。治理理论认为，在治理过程中，不同的力量及利益相互制约、相互对抗、相互协调，最终确定整体的最佳方案及实施方案途径，其中包括强制性的正式规章制度，也包含着非强制性的由利益促使的非正式制度和安排。当然，并不是所有的治理都是有效的、成功的。治理理论强调成功的治理应该是"善治"。所谓善治，其目的是实现社会公共利益最大化，是一种由政府与社会各界相互协作、共同处理公共问题的运行机制。但是，治理理论并没有将政府这一主体剔除，也没有弱化政府在治理中的作用，而是转变其工作方式与工作方法。对于网络订餐食品安全规制而言，采用多元共治规制模式，就是让政府放弃威权统治模式，发挥主导作用，积极引导各个主体参与规制。如鼓励与扶持行业协会，加强与第三方网络平台沟通，利用媒体引导舆论，建立和维护消费者权益的机制等，通过各主体间相互合作达到规制的最佳效果。

以治理理论为基础的多元共治规制模式主要有以下几个特征：一是规制

主体的多元化，这也是多元共治规制模式最显著的一个特征。在规制过程中，无论是政府、社会组织、公众或者企业，只要权力合法，都可以作为规制的主体，行使自己的责任和义务。多元共治规制模式正是通过这些多元主体的积极参与，相互竞争与合作，迫使规制目标进行自我约束，达到降低成本和提升服务质量的目的。二是规制方式的合作性，这一特征建立在多元主体参与的基础之上。政府发挥其主导作用，引导各主体相互交流，加强信息沟通，使各主体之间形成伙伴关系，为同一目标共同努力。三是规制结果的共赢性，各主体间的合作就是为了达到共赢这一目的。这里的"共"指的是各个主体的利益，"赢"是指各主体保证和促进自身的根本利益。多元主体参与规制，并不是单纯地为了参与而参与，而是在整个过程中相互协调，化解矛盾，实现共同利益，更好地解决问题。高校网络订餐食品安全规制的多元共治，主要包含政府、第三方网络平台、商家、学校、行业协会、新闻媒体和消费者等主体，如何能够使各个主体发挥其应有的作用，相互协调合作形成合力规制是实施多元共治规制模式的关键所在。因此，多元共治规制模式的有效实施需要政府发挥其主导作用，引导各主体积极参与，明确其法律地位、责任和义务等，并给予政策上的支持，让各主体真正参与到规制中来。解决了多元问题，接下来便是共治问题，即各主体之间的相互作用关系（见图2）。处理好各主体间的相互作用关系，多元共治规制模式才能真正获得理想的效果。

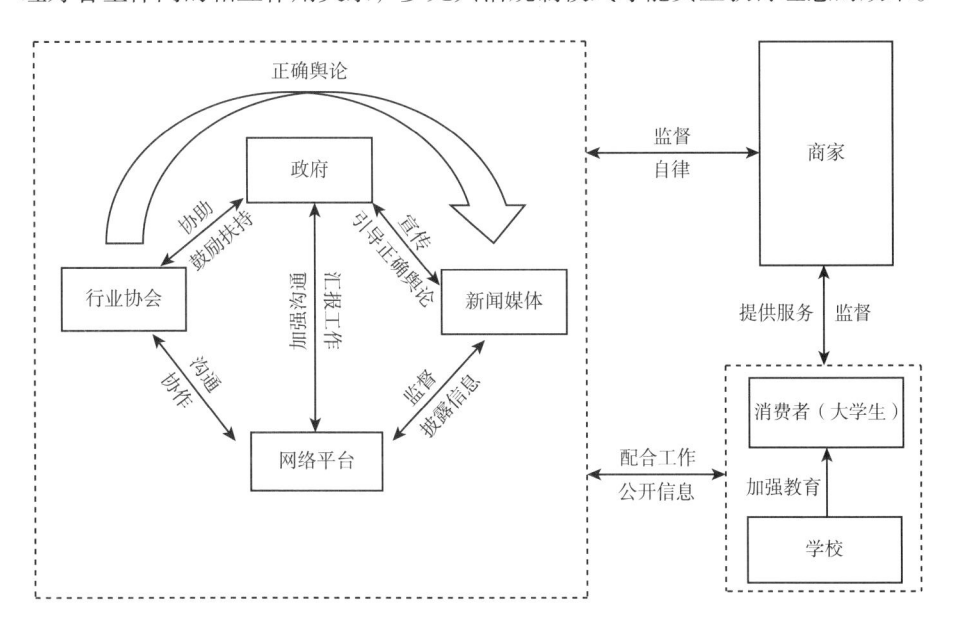

图 2　高校网络订餐食品安全规制多元共治模式各主体间相互作用关系

四、高校网络订餐食品安全规制多元共治中存在的问题

(一) 政府垄断式规制模式效率低

网络订餐的兴起，给政府的食品安全规制带来了新的挑战。网络订餐市场存在着大量的外部性和信息不对称问题，为了维护消费者的合法权益、保障公众的生命安全，政府必须改变方法，寻找新的规制手段。但是，由于自身条件以及外部环境等因素的限制，目前政府有关部门的工作方法还是按照传统的方法，即按照上级的指示，集中处理、专项整治，缺少明确的具体分工协作机制。因此，我国政府在网络订餐食品安全规制方面存在一定的局限性。一方面，当发生食品安全问题时，可能出现政府职能交叉、多头规制的混乱现象，甚至造成推卸责任、规制缺位的现象，大大降低了政府规制的效率。另一方面，政府相关部门的资源和力量是有限的，常常受到经费、技术、人员等方面的限制，而且网络订餐所覆盖的商家数量庞大，很难在短期内实现对网络订餐食品安全的有效规制。此外，一些政府工作人员对网络订餐食品安全的检查往往是突击性的检查，缺乏有效的绩效考核以及问责机制，致使政府工作人员可能出现态度敷衍、工作表面化的问题。如果政府仍继续坚持传统的垄断式规制，将导致各级政府在网络订餐食品安全规制的实施过程中仍然执着于传统证照的管理方式，不仅效果不理想，还会增加管理成本。

(二) 第三方网络平台准入门槛低及主体责任不明确

第三方网络平台是网络订餐食品安全的责任主体，也是主要的规制主体。要想从根源上保障我国高校网络订餐的食品安全，第三方网络平台必须提高商家的入驻标准，加大对相关证件的审核力度。有关法律法规虽然已经提出要明确网络订餐食品安全问题相关利益者的责任，但是却将如何明确责任这一权力交由他们自己去行使。因此，在经济利益的引导下，第三方网络平台和入驻商家就容易相互勾结，达成协议，第三方网络平台减小商家审核力度、降低入驻标准、对部分卫生不达标的商家采取"睁一只眼，闭一只眼"的态度。第三方网络平台的审核基本上是由入驻商家提供的电子信息为基础，对大部分商家的审查只能是形式上的审查，缺乏实地考察或实地考察缺乏实质

性，这已成为当今网络平台的通病。事实上，由于网络订餐的过程直接通过第三方网络平台进行，消费者不能直观感受到入驻商家的食品安全保障能力。消费者在消费时，通常会注重对某些品牌的信任，配合第三方网络平台大力的宣传，消费者更可能会盲目地选择而忽视其中可能存在的食品安全问题，从而导致消费者的选择可能充满风险。

（三）高校大学生缺乏食品安全意识

高校网络订餐的消费者主要是大学生群体。虽然大学生具备一定的文化水平，但是食品安全意识和维权意识还存在一定不足。而且在消费过程中并不能直接接触商家，在交易时往往更加关注第三方网络平台对相应餐饮服务的介绍及价格，而忽略了商家的食品安全保障能力。而且，大学生在网络订餐过程中，很少会向商家索取发票等相关购物凭证。多数商家经营模式比较简单，并没有建立台账，经常会钻法律的空子，逃避法律规定的要求，导致商家整体生产和销售混乱，消费者食品安全难以得到保障。当出现食品安全问题时，部分大学生维权意识不足，不会举报商家或进行投诉，从而直接放弃维权；部分大学生可能与经销商发生纠纷，但是往往找不到有力的证据，很难维护自己的利益；部分大学生可能与商家协商，但是商家通过一些小小的回馈之后就不了了之，进而放弃了维权。

（四）商家缺乏资质以及配送过程存在安全隐患

目前，由于第三方网络平台的入驻标准低以及审核力度有限，多数入驻商家缺少营业执照等相关证件，而且相当一部分入驻商家并没有实体店，只通过网络订餐来获得收入，这一部分商家大多是隐蔽在居民区中，常常以居民楼、停车库等当作后厨来进行食品加工，占用空间狭小，具有高度的隐秘性，导致政府相关部门很难对其进行有效规制。同时，商家本身又缺乏自律性和良好的卫生意识，导致出现环境卫生不合格或极度脏乱差的现象，存在一定的食品安全隐患。

此外，配送的骑手在送餐过程中也存在一定食品安全风险。网络订餐商家提供的送餐工具大多是一次性餐盒和塑料袋子等。一方面，长期使用会对消费者身体造成伤害；另一方面，这类餐盒不能保温，在寒冷的冬天，经过骑手的长时间配送，会导致食物在一定程度上冷却，不仅降低了口感，大学生长期食用也会造成肠胃疾病。虽然部分骑手考虑到此方面的隐患，配备了保温箱，但保温箱内时常会存在食物的残渣和污垢，当配送量较大时，保温箱空间有限，配送员就会把食品挂在电动自行车车把上，经过长时间颠簸，灰尘通过外包装进入餐盒内部，对食品造成了严重污染[17]。我国网络订餐行业的配送人员门槛较低，大部分是从社会上直接招聘的，基本上都没有健康证和良好的卫生安全意识，因此，在配送过程中也可能导致网络订餐食品安全问题的发生。

五、高校网络订餐食品安全规制多元共治模式的实现路径

（一）调整政府规制机构的工作重心与工作方法

打造多元主体参与的网络订餐食品安全规制模式，一个最重要的前提就是要明确政府在规制过程中的角色定位。传统的规制模式通常是以政府为中心，以垄断式的规制模式为主，但这并不适用于信息时代下的网络订餐行业，导致网络订餐食品安全的风险很高。政府急需做出调整，在多元共治规制模式下，政府要转移工作重心，政府规制不再是包打天下的全能主义者，而是根据规制成本与收益的权衡，有所为有所不为，抓住主要矛盾。近年来网络订餐行业异常火爆，全国大大小小的商家数以万计，如果食品安全规制部门把规制的重点放在日常监督检查，那么这是不可能圆满完成的任务。因此，需要政府将工作重心转移，从繁重冗杂的事务性工作转向规制制度设计和规制技术准备等方面。在多元共治规制模式下，政府主要起到补充和引导作用。因此，政府食品安全规制机构的工作方法也要做出相应的调整，改变以自我为中心的威权思维，应该更广泛地协商合作、更充分地披露信息，以取得社会的信任与支持。政府要充分认识到社会力量的重要性，鼓励与培养社会力量参与到食品安全规制中来，形成高校网络订餐食品安全规制的合力，实现对网络订餐食品安全规制的多元共治。

（二）强化第三方网络平台审查责任

网络订餐食品安全规制的多元共治虽然应当以行政机关为主，但第三方网络平台也应当承担起自己的责任。政府应积极约谈第三方网络平台，宣传与落实法律法规和相关政策，提升其主体地位。同时，第三方网络平台应积极与政府展开工作讨论，政府应虚心听取意见和建议。第三方网络平台是消费者与商家之间的桥梁，对网络订餐食品安全的规制更具有实效性，配合政

府工作实现共同规制的局面，将会进一步提升食品安全规制的效率。从源头上确保高校网络订餐的食品安全，对于第三方网络平台来说，最为关键的一个环节就是提高商家的入网标准，加大对入驻商家资质的审核力度。由于大学生这一消费群体的特殊性，建议第三方网络平台针对高校所在区域设立单独管理负责人，对周边商家严格审查，获取真实有效的商家信息，如实记录并及时更新，并定期向政府汇报相关数据，如有违规行为应立即处理。为了有效解决第三方网络平台缺乏实地考察这一问题，在发生食品安全问题时，平台具有比政府更及时、有效地获得相关经营者信息的优势，如果第三方网络平台发现入网商家存在违规行为但未及时上报政府部门，平台需要承担连带责任，受到相应的惩罚。

（三）提高大学生食品安全意识

大学生的食品安全意识不足问题普遍存在，学校要充分发挥其教书育人的优势。学校的管理也应该与时俱进，有所作为。比如加大资金投入，对食堂进行适当翻新，扩大规模，改善卫生，丰富食堂的菜品，争取从卫生、口感、种类等多方面提升食堂的菜品质量，争取让更多的学生在食堂用餐，而不是盲目地让外卖进入校园。一方面，加强理论知识的教育，提高学生的健康意识、维权意识和自我保护意识等，让学生充分了解合理饮食的重要性。另一方面，学校可以开展一系列相关校园活动，营造更加有利于食品安全的校园氛围，以实践的方法来促进食品安全知识的宣传，以此来提高大学生的食品安全意识。

（四）积极引导社会力量参与规制

网络订餐行业的食品安全规制，政府和第三方网络平台的功能存在局限性，政府要积极引导社会力量参与到多元共治中，采用多元主体共同参与的协同规制方式，弥补自身的不足。

1. 行业协会督促商家自律

为了更好地对网络订餐经营者的行为进行规制，要充分发挥行业协会的作用。行业协会要具体明确行业标准，协助政府完成对第三方网络平台和入网商家的监督。同时，应该设立严格的奖惩制度。对主动提高食品安全标准的商家给予适当的表彰与奖励；对违反行业标准的商家进行适当的处罚，并公之于众，向消费者发出适当的质量信号。入网商家明确只有通过自己的努力才能得到相应回报，从而做到真正的行业自律。

2. 新闻媒体正确开展舆论监督

互联网时代下,信息传递十分迅速。食品安全事件一经曝光就会瞬间被大家所关注。如果新闻媒体不能如实报道,为了一时利益就夸大其词,引起社会轰动,不仅得不到理想的效果,还会使人心惶恐,造成恶劣的社会影响。因此新闻媒体开展舆论的焦点要坚持以正面为主,新闻媒体要配合政府工作,一方面,发挥其宣传的作用,加强对政府政策措施的宣传,利用网络向社会公众传递食品安全常识;另一方面,发挥其监督作用,客观准确地报道食品安全事件,不能存在"捂盖子"现象。通过媒体的曝光,不仅可以减少政府的规制成本,还可以有效避免各个主体之间信息不对称问题的发生。

3. 消费者提高自我保护意识

学校要力求提高大学生食品安全意识,政府部门应配合学校完善对大学生此方面的教育,加大对食品安全知识的宣传力度。另外,要完善相关的规章制度,不断提高消费者自我保护意识,比如举报奖励制度、举报匿名制度等,对依法举报违法商家的行为给予奖励与表彰,当发生食品安全问题时,大学生可以有效维护自己的合法权益。

(五)充分合理利用大数据技术

网络订餐行业是由互联网技术衍生出来的。目前,正处于大数据的时代背景下,合理利用大数据技术对于辅助政府部门对网络订餐行业食品安全规制而言具有现实意义。网络订餐行业蓬勃发展,全国入网商家数以万计,拥有海量的食品安全数据。如果采用人工处理既费时又费力,效果还不一定理想;如果能运用大数据技术构建食品安全云数据信息平台,可发现食品安全隐患的源头所在,避免食品安全问题的发生,既省时又省力。大数据的一个特点就是数据可视化,在多元共治的规制模式下,利用大数据可以显示出责任链上每一个环节的主体信息,使主体责任更加明确且具有可追溯性。大数据技术不仅可以弥补人工规制可能存在的漏洞,还减少了人力的投入,大大降低规制的成本。充分合理利用大数据技术,对高校网络订餐食品安全实现线上线下智能、动态的双重规制,对违规单位及时查处会达到理想的效果。

六、结语

当今高校网络订餐食品安全规制存在的问题较多,若想避免食品安全问题的发生,传统的规制方式已无法满足如今的需求,多元共治的规制模式是一个有效的规制路径选择。在多元共治规制模式下，政府的作用并没有弱化，只是转变其工作方式和方法，发挥主导作用。多元共治规制模式需要各个主体的积极参与，确保各个主体相对独立的同时，各主体之间还要相互协调沟通，充分地披露信息，形成良好的功能耦合机制，以集体的力量解决问题。任何两个或两个以上的主体要形成良性的互动，相互促进、相互影响，争取实现"1＋1＞2"的协同效果。

参考文献

[1] 徐鹏飞. 网络订餐需法律监管 [J]. 人民论坛, 2018 (18): 96-97.

[2] 洪岚, 尹相荣. 社会共治视角下的网络订餐食品安全预警系统构建——基于贝叶斯网络模型 [J]. 情报杂志, 2018, 37 (7): 132-138+44.

[3] 和雅娴, 嵇安奕, 李华昌. 大学生网络订餐行为的影响因素研究 [J]. 企业经济, 2016 (7): 83-89.

[4] 洪岚, 尹相荣, 张喜才. 基于负面评论的网络订餐平台食品安全现状研究 [J]. 商业经济研究, 2019 (9): 92-95.

[5] 孔令兵. 食品安全监管中政府责任认知 [J]. 食品与机械, 2013, 29 (2): 258-260+264.

[6] 向立. 地方政府在食品安全监管中的法律责任 [J]. 人民论坛, 2017 (15): 98-99.

[7] 黄音, 黄淑敏. 大数据驱动下食品安全社会共治的耦合机制分析 [J]. 学习与实践, 2019 (7): 26-33.

[8] 张利庠, 王录安, 刘晓鸥. 食品企业自主营养标签与食品安全 [J]. 农业经济问题, 2017, 38 (6): 101-109+3.

[9] 凌潇, 严皓. 行业协会自治——食品质量安全规制的第三条道路 [J]. 食品工业, 2013, 34 (9): 148-150.

[10] 罗珺, 王帅斌, 赵永乐. 公众媒体参与下食品安全监管策略演化研究 [J]. 南京工业大学学报 (社会科学版), 2018, 17 (4): 88-96.

[11] 倪国华, 牛晓燕, 刘祺. 对食品安全事件"捂盖子"能保护食品行业吗——基于2896起食品安全事件的实证分析 [J]. 农业技术经济, 2019 (7): 91-103.

[12] 韩丹, 慕静, 尹世久. 食品安全治理与消费者参与研究——以餐饮服务量化分级"笑脸"标志为例 [J]. 山东社会科学, 2018 (5): 160-165.

[13] 吴晓东. 我国食品安全的公共治理模式变革与实现路径 [J]. 当代财经, 2018 (9): 38-47.

[14] 高凛. 我国食品安全社会共治的困境与对策 [J]. 法学论坛, 2019, 34 (5): 96-104.

[15] 辜胜阻,刘伟,王建润. 新《食品安全法》与食品安全多元共治规制模式 [J]. 江海学刊, 2015 (5): 82 - 87 + 238.

[16] 郁建兴,王诗宗. 治理理论的中国适用性 [J]. 哲学研究, 2010 (11): 114 - 120 + 129.

[17] 颜海娜,于静. 网络订餐食品安全"运动式"治理困境探究——一个新制度主义的分析框架 [J]. 北京行政学院学报, 2018 (3): 81 - 90.

中国食品安全规制效率与提升对策

和 军 王 喆[*]

摘 要 本文聚焦食品安全规制效率分析与对策研究。选取2001~2017年食物中毒人数、食品抽检合格率、卫生技术人员数、行政处罚率等数据指标建立投入产出模型,运用DEA数据包络分析,测算我国食品安全规制的综合效率、纯技术效率、规模效率,并就结果做出相关解释和说明。最后,结合实证测算结果分析,从健全政府规制体系、完善政府规制方法以及加强协同治理等方面给出相应的提升对策,这对于政府制定食品安全规制相关改革方案,完善我国食品安全政府规制机制,形成高效的规制体系,以及实现"健康中国"战略等具有重要的现实指导作用。

关键词 食品安全 规制效率 提升对策 协同治理

随着人们生活质量的不断改善,食品安全问题日益凸显。自21世纪以来,我国食品安全事故频发,从早期的"苏丹红"工业添加剂事件、阜阳劣质奶粉事件等,再到近几年发生的"饿了么"网络订餐事件、网红食品非法添加剂事件等,食品安全问题危及消费者的身体健康,成为制约经济平稳健康发展的关键因素。因此,提高食品领域政府规制效率成为消费者的迫切需求和我国政府的工作重点之一。

为使食品工业高质量、健康平稳发展,我国政府也先后采取了一系列措施。2017年7月,国务院食品安全办等多部门联合开展食品虚假宣传专项整治工作。2018年10月至2019年1月,市场监管总局在全国范围内开展网络餐饮食品安全专项检查。2019年2月国务院印发《地方党政领导干部食品安全责任制规定》,对地方党政领导干部规制职能细则做出规定,其内容涉及食品安全规制的全链条和全过程。食品安全问题事故频发使人们对政府规制是

---

[*] 和军,辽宁大学经济学院教授、博导;王喆,西北大学经济学院博士研究生。

否有效发挥作用有所质疑，因此对我国食品安全规制效率进行测算和评价，厘清政府规制体制机制，完善治理体系成为当务之急。

一、文献综述

针对国内相关文献的整理，主题选取"食品安全规制""食品安全管制""食品安全监管""食品安全监督管理"等，按照时间跨度为1992~2018年，来源类别选择核心期刊和CSSCI，通过中国知网（CNKI）数据库检索，共得1939篇文献。现以文献数量反映学者对食品安全规制问题的关注度变化趋势，如图1所示。其中1992~2002年发文量为零，从2003年以后，一直到2014年发文量除2010年以外，基本呈逐年上升趋势，表明21世纪以来，食品安全作为时代热点问题，越来越引起学者对食品安全规制问题的关注和研究，2015年以来，陆续出现下降的趋势，可能与大部制改革后我国食品安全规制环境的相对改善和食品安全规制体制的不断完善相关，现将国内学者的研究观点进行以下几方面总结。

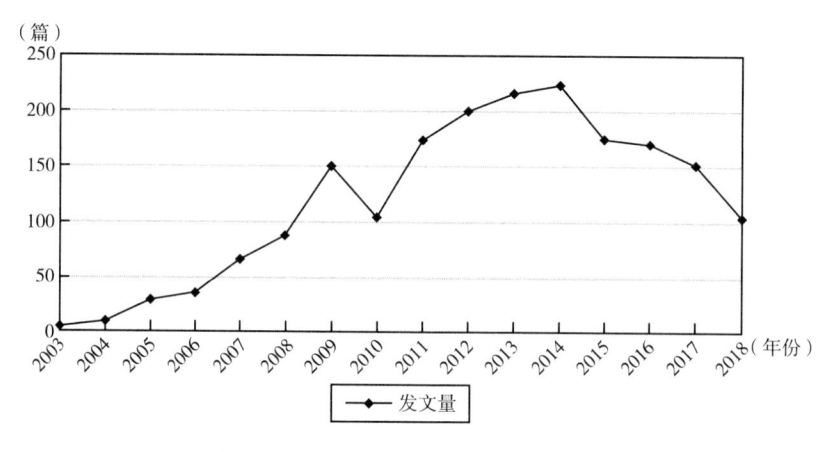

图1 "食品安全规制"研究CNKI学术关注度变化趋势

（一）食品安全规制手段和模式

近几年国内学者对食品安全规制手段和模式的研究主要集中在集中监管和协同治理等方面。齐萌针对我国食品安全规制现状，提出从权威管制迈向协同治理的监管模式，同时从食品安全法律规则的问题导向、多维度合作关系、责任共担体系、信息共享制度等方面给出相应制度设计[1]。食品安全规制离不开多元主体参与，研究规制主体的参与动机，切实分析三方互动食品安全规制模式的运行机制。食品第三方检测机构应整合自愿监督机制,基于承担社会成本的新思路,达到政府、企业和第三方检测机构的演化稳定均衡,实现食品安全的社会共治[2]。同时,"互联网+传统餐饮"等极易引发食品安全风险的新兴领域,应创新性地引入智慧监管理论,有效运用信息技术和政策工具,探索实现网购食品协同监管的新机制。

(二) 食品安全规制效率分析

关于食品安全规制效率问题的研究,国内学者起步较晚,主要涉及德尔菲法、成本收益模型、AHP法、DEA数据包络分析、网络层次分析等方法,且学者更多关注的是规制效率的评价指标体系的研究。赖涪林等基于德尔菲法通过实证分析,提出了影响我国食品安全政府规制效率的扰乱性因素与强制性因素[3]。周小梅运用成本收益模型并结合实际案例分析我国食品安全规制的收益、成本和效率问题,指出影响我国食品安全规制效率的主要因素[4]。王珍等借助AHP法,根据政府食品安全规制绩效指标权重,判断各指标在评估体系中的相对重要程度,对提升地方政府食品安全规制效率具有积极作用[5]。王能、任运河运用DEA数据包络分析法从横向和纵向水平上对1995~2008年我国食品安全规制的效率进行研究分析[6]。

评价指标选取方面,刘鹏采取食品抽检合格率、食物中毒事件发生起数、食物中毒人数和食物中毒死亡人数四个指标分析我国食品安全规制的效率[7]。部分学者进一步结合技术监督从业人员数、规制部门颁发及修订的法规数等投入指标,以及食品批次合格率、食品抽检合格率等产出指标,构建效率评价体系,并对我国食品安全领域的规制状况进行评估[8]。学者刘鹏、王冀宁、张红凤都先后采用平衡计分卡理论或网络层次分析法对我国食品安全规制的效率进行探析。刘鹏利用平衡计分卡理论,对省级政府规制绩效进行研究[9]。王冀宁等借助网络层次分析法,着眼于食品产业链的监管问题,探寻应对策略[10]。张红凤等以层次分析法和网络层次分析法为基础,对山东省食品安全规制效果进行评价,指出食品产业的健康发展是食品安全监管效果提升的关键所在,在食品从业人员的安全培训方面,政府的监管工作有待改进[11]。

(三) 食品安全协同治理模式与实现路径

食品安全协同治理模式。供应链和监管链的破碎性通常被认为是食品安全问题频发的主要原因。因此,应构建利益驱动、绩效驱动和契约驱动等保障机制，实现供应链内部、监管链内部以及供应链和监管链之间三个层面的协同，使"破碎网络"转变为"无缝网络"[12]。通过健全食品安全政策法规，完善激励和监督机制以及明确各主体相关权责等手段实现多元主体功能融合，以此解决好食品安全问题[13]。基于其他不同视角分析而言，如媒体关注和资本市场反应，部分学者提出在食品安全监管过程中，大众媒体和资本市场的激励机制分别发挥着事前预警和事中监督的作用，而政府通过官方权威媒体起到事后治理的作用[14]。

食品安全协同治理实现路径。谢康基于协同治理视角，提出将非正式制度与信息可追溯技术相结合形成互补效应，以此提高对食品安全违规者的惩处力度[15]。规制过程中，以资源共享、创新服务、产业联盟和科技创新等平台为载体，以动力机制、保障机制、协调机制等机制为核心，强调主体协同、要素集聚的创新驱动，逐步形成各主体之间协同格局，有利于高效解决食品质量安全问题[16]。

二、指标选取与数据处理

（一）指标选取

1. 投入指标

食品安全规制投入指标，即反映规制的成本，主要衡量政府规制机构在规制过程中各种投入资源的成本。但由于食品安全规制相关经费的投入数据获取存在较大难度，同时结合已有的文献研究[5][6][7]，本文主要从行政处罚投入力度和规制技术投入两大方面选取指标。其中，行政处罚投入力度用行政处罚率 X_1 表示，等于处罚户次数除以应监督的户数；规制技术投入用卫生监督技术人员数量 X_2 表示。这两项指标都是正向指标，即行政处罚率越高，卫生监督技术人员数量越多，食品安全规制的投入成本越多，反之投入成本越少。

2. 产出指标

食品安全规制产出指标，即反映规制的收益，主要指通过食品安全规制，保证企业提供符合安全标准的产品，提高食品抽检合格率，降低食物中毒人数，减少食品安全事故发生的次数。同时结合已有的文献研究[9][18]，本文产出指标主要从食品抽检合格率和食物中毒人数两大方面选取。其中，食品抽检合格率 Y_1，等于食品抽检合格批次除以食品抽检总批次，为正向指标，即食品抽检合格率越高,食品安全规制收益越高;食物中毒人数 Y_2 为逆向指标,即食物中毒人数越多,食品安全规制效益越低,为研究方便,参考王能对食品中毒率的处理方法[6],将其转化为正向指标,具体方法如下:

$$Y_i = \frac{y_{max} - y_i}{y_{max} - y_{min}} \times 100\%$$

其中,y_{max} 表示最多食物中毒人数,y_i 表示第 i 年的食物中毒人数,y_{min} 表示最少食物中毒人数。

(二)数据来源与数据处理

1. 数据来源

具体数据如表1所示,主要包括:2001~2017年卫生监督技术人员数、行政处罚率(等于处罚户次数除以应监督的户数)、食品抽检合格率、食物中毒人数(已按前文所提方法,转为正向指标)。

表1　　　　　　　　　　投入产出指标数据

年份	投入指标		产出指标	
	卫生监督技术人员数(人)	行政处罚率(%)	食品抽检合格率(%)	食物中毒人数(%)
2001	4507700	13.67	88.10	94.64
2002	4269779	14.25	89.50	19.79
2003	4380878	15.19	90.45	87.62
2004	4485983	13.77	88.98	42.21
2005	4564050	16.54	87.49	28.70
2006	4728350	15.50	90.80	0.00
2007	4913186	5.69	88.35	1.24
2008	5174478	4.74	91.59	39.02
2009	5535124	8.76	92.30	40.48
2010	5876158	11.23	93.12	56.97
2011	6202858	12.68	94.56	85.59
2012	6675549	13.22	95.36	78.16
2013	7210578	2.68	96.13	91.11
2014	7589790	3.69	94.70	100.00

续表

年份	投入指标		产出指标	
	卫生监督技术人员数（人）	行政处罚率（%）	食品抽检合格率（%）	食物中毒人数（%）
2015	8007537	6.75	96.80	99.23
2016	8454403	8.85	96.80	97.10
2017	8988230	8.93	97.60	85.55

由于从2009年起《中国卫生统计年鉴》调整统计内容，因此，2009~2017年处罚户次数、应监督的户数分别由公共场所卫生被监督单位处罚决定次数（包括责令限期改正、警告、罚款、取缔、责令企业停业、吊销卫生许可证、其他等情况）、公共场所卫生被监督单位数代替。其中，2001~2008年的处罚户次数、应监督的户数来源于《中国卫生统计年鉴》；2009~2017年公共场所卫生被监督单位处罚决定次数、公共场所卫生被监督单位数来源于《中国卫生统计年鉴》和《中国质量监督检验检疫年鉴》；2000~2017年的食品抽检合格率、食物中毒人数（已做正向指标处理）来源于《中国卫生统计年鉴》以及国家质量监督检验检疫总局公布的《产品质量抽查公告》。

2. 数据处理

为研究方便，对数据进行标准化处理，方法为处理后的数据＝指标原始数据/相应指标的标准差[19]，结果如表2所示。

表2　　　　　　　　　投入产出指标数据标准化处理

年份	投入指标		产出指标	
	卫生监督技术人员数（人）	行政处罚率（%）	食品抽检合格率（%）	食物中毒人数（%）
2001	2.96	3.17	26.72	2.77
2002	2.81	3.30	27.14	0.58
2003	2.88	3.52	27.43	2.57
2004	2.95	3.20	26.98	1.24
2005	3.00	3.83	26.53	0.84
2006	3.11	3.59	27.54	0.00
2007	3.23	1.32	26.79	0.04

续表

年份	投入指标		产出指标	
	卫生监督技术人员数（人）	行政处罚率（%）	食品抽检合格率（%）	食物中毒人数（%）
2008	3.40	1.10	27.78	1.14
2009	3.64	2.03	27.99	1.19
2010	3.86	2.60	28.24	1.67
2011	4.08	2.94	28.68	2.51
2012	4.39	3.06	28.92	2.29
2013	4.74	0.62	29.15	2.67
2014	4.99	0.85	28.72	2.93
2015	5.26	1.56	29.36	2.91
2016	5.56	2.05	29.36	2.84
2017	5.91	2.07	29.60	2.50

三、实证结果与分析

针对我国食品安全规制效率水平，通过查阅文献，借鉴已有的研究成果，建立投入产出指标体系，运用DEA方法对2001~2017年我国食品安全规制效率进行测算，并就结果展开分析与研究。

根据前文已获取的指标数据，运用DEAP2.1软件中的VRS模型（Variable Returns to Scale）对2001~2017年我国食品安全规制的效率进行测算分析，所获取效率值的前沿取值为1，具体大小可反映出与其他决策单元的相对效率，其结果如表3所示。借鉴杜栋等[20]在研究城市可持续发展系统问题时采取的处理方法，将某一时间或某一时段视为DEA中的一个决策单元，即时期数设为1，将2001~2017年视为17个决策单元，即样本个数设为17。由于本文是纵向的角度，着重比较我国食品安全规制在一个时间序列上不同年度的相对效率，因此每一个决策单元即是某一年内的全国食品安全规制投入产出情况，而且这种做法可以弥补运用DEA分析时间序列数据时的缺陷，更有利于侧重研究我国食品安全规制效率的连续变化趋势。

表3　我国食品安全规制效率实证结果

年份	综合效率	纯技术效率	规模效率	规模报酬
2001	1	1	1	不变
2002	1	1	1	不变
2003	1	1	1	不变
2004	0.970	0.979	0.991	递增
2005	0.917	0.939	0.976	递增
2006	0.920	0.960	0.958	递减
2007	0.998	1	0.998	递增
2008	1	1	1	不变
2009	0.899	0.969	0.927	递减
2010	0.840	0.969	0.874	递减
2011	0.848	1	0.848	递减
2012	0.780	1	0.780	递减
2013	1	1	1	不变
2014	1	1	1	不变
2015	0.872	1	0.872	递减
2016	0.777	0.947	0.820	递减
2017	0.709	1	0.709	递减
平均	0.913	0.986	0.927	—

如图2所示，通过投入产出的相关数据指标，得出2001~2017年我国食品安全规制效率的变化趋势。我国食品安全规制的综合效率、纯技术效率、

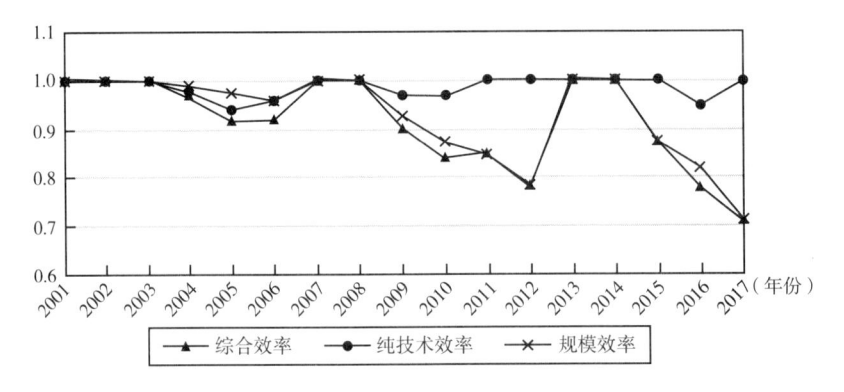

图2　2001~2017年我国食品安全规制效率变化趋势

规制效率在2003年开始同步下降,之后,综合效率和规模效率的变化趋势大体相同。整体分析,我国食品安全规制在2001~2003年,2008年、2013~2014年相对有效,其效率值达到前沿值1,其余年份效率均在前沿值以下,以不同幅度波动。

为深入研究,现将2001~2017年除去规制相对有效的年份后,分为三个典型时间区段,如表4所示,分别求出各个时间区段我国食品安全规制三种效率的平均值。根据实证结果,结合我国食品安全规制的变迁过程,相关政策和法律法规的颁布实施情况,食品工业企业发展速度等因素,现分别从纯技术效率、规模效率的角度,研究分析影响我国食品安全规制综合效率变化的因素。

表4　　　　　　典型时间区段我国食品安全规制效率平均值

时间区段	综合效率	纯技术效率	规模效率
2004~2007年	0.951	0.970	0.981
2009~2012年	0.842	0.985	0.857
2015~2017年	0.786	0.982	0.800
2001~2017年	0.913	0.986	0.927

(一) 纯技术效率

我国食品安全规制的纯技术效率是从规制部门的监管技术和管理水平等层面来测量食品安全规制效率,即由于规制部门的技术不足和管理低效等原因而导致对食品安全规制投入的要素中有多少属于无效浪费,纯技术效率越接近1,投入要素的无效损失越少,规制部门监管的技术水平越有效。2001~2017年我国食品安全规制的纯技术效率整体变化幅度较小,且相对平缓,最小值为2005年的0.939,仍在0.9以上,平均值达到0.986。剔除相对有效率的年份后,由表4可知三个典型时间区段纯技术效率的平均值分别为0.970、0.985、0.982,其中2004~2007年相对较低,2009~2012年相对较高。如图3所示,我国食品安全规制的纯技术效率大致经历三个时间区段的波动,分别在2003年、2008年、2015年三个时间节点出现下降趋势,现结合图4进行具体分析。

1998年国务院精简政府机构,但在此后几年国家仍不断加强有关部门在食品安全领域的高效监管。2001年国家工商行政管理局升格为国家工商行政管理总局（正部级），并组建国家质量监督检验检疫总局（正部级），同时工商、质检都实行省以下垂直监管体制，一定程度上缓解了长期存在的地方保护主义。政府层面对食品安全的重视度提高，2003 年我国开始推行食品卫生监督量化分级管理制度和危险分析关键点控制技术管理体系，再加上 21 世纪初，我国食品领域产业链不发达，市场供应链相对较短，使政府部门的规制资源更具针对性，从而能够展现出较好的规制效果，因此在 2001~2003 年我国食品安全规制的纯技术效率相对有效。

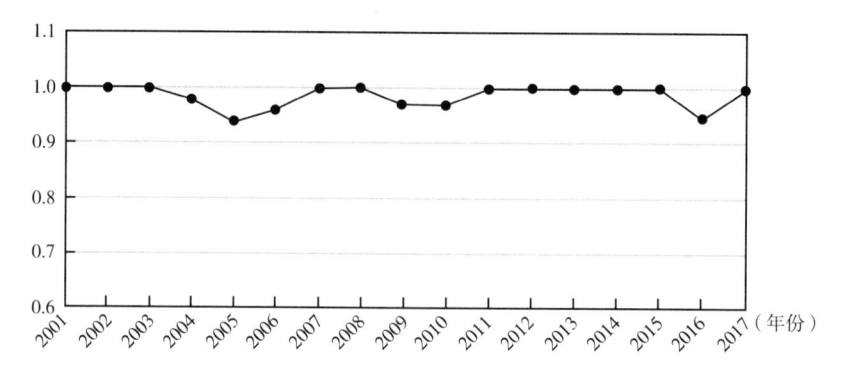

图 3　2001~2017 年我国食品安全规制纯技术效率变化趋势

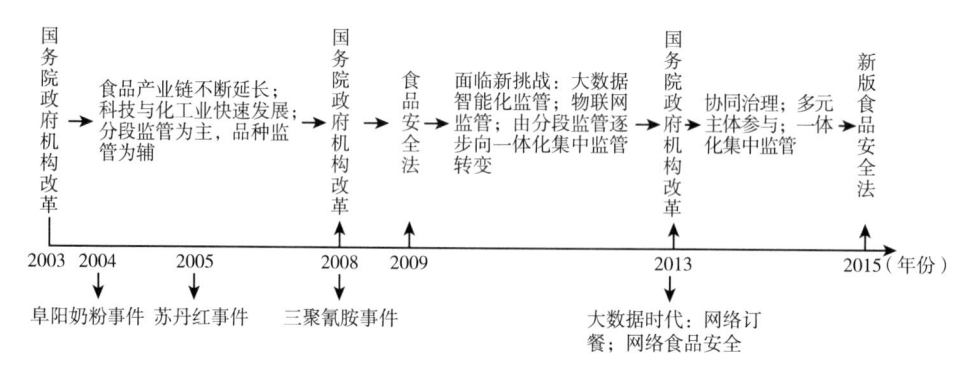

图 4　主要时间节点事件

2003 年国务院政府机构改革和 2004 年《国务院关于进一步加强食品安全工作的决定》的颁布，正式确立了"分段监管为主，品种监管为辅"的食品安全监管体系，但规制机构的内部调整存在时滞，监管思想存在偏差，职能定位不确切，因此分段监管初期，由于规制部门职能交叉，某些环节多头执法，综合协调性不高、手段不足，而出现监管缺位、越位等问题，同时各部门颁布实施的政策和法规可能不相匹配甚至出现矛盾冲突，使得食品安全规制纯技术效率开始明显下降，规制成本增加，收益也不明显，食品安全事件时有发生，如2004年阜阳劣质奶粉事件、2005年"苏丹红"工业添加剂事件等。

2008年我国开始进行大部制改革。国家食品药品监督管理局改由卫生部管理，食品药品监督管理机构省级以下垂直管理改为地方分级管理。同年爆发了震惊全国的三聚氰胺事件，可以说毒奶粉又卷土重来，该事件发生的根本原因是我国没有针对奶站设置专门的规制机构，制定相应的监管规则，致使原料奶的收购环节处于监管真空而质量失控。这也从侧面映射出我国规制机构在管理和技术层面存在的硬伤，该时期纯技术效率又出现下降。2013年以来，我国食品安全规制逐渐采用一体化集中监管的模式。随着大数据时代的到来，食品工业领域开始发生智能化变革，再加上互联网的隐蔽性与虚拟性，导致政府特别是对网购食品领域的规制受到阻碍。食品安全规制机构在监管和技术层面的投入时间未能与时俱进，传统的规制模式下政府机构在管理和技术层面的投入形式对解决实际问题已相对低效，投入低效在随后的时间逐渐显露出来，2015年我国食品安全规制的纯技术效率开始出现下降趋势，该时期规制机构急需利用大数据技术平台，向全产业链和全方位规制转变，同时建立和完善智能化规制机制，运用"互联网+"的方式不断改进优化当前的检验技术手段。2015年新版《中华人民共和国食品安全法》开始实施，首次明确网络食品第三方平台的责任，网络订餐规制由此开启，此后的纯技术效率也有所提升。

（二）规模效率

规模报酬可以用来衡量我国食品安全规制的效果随着投入规模变化而变化的趋势。规模报酬递增，表明其投入不足，需增加投入提高效率；规模报酬递减，表明投入过剩，应减少投入提高效率；规模报酬不变，指产出指标增加的比例等于投入指标增加的比例，表示当前的食品安全规制的投入规模合理。2001～2017年我国食品安全规制的规模效率整体上波动幅度较大，但在2008年之前变化趋势平缓，波动较小，2008年之后才开始出现两次较大波动，分别在2008年和2014年，规模效率明显下降，最小值为2017年的0.709，总体平均值达到0.927，略低于纯技术效率平均值。剔除相对有效的年份后，由表4可知三个典型时间区段规模效率的平均值分别为0.981、0.857、0.800，依次递减，其中2005～2017年最低，如图5所示。

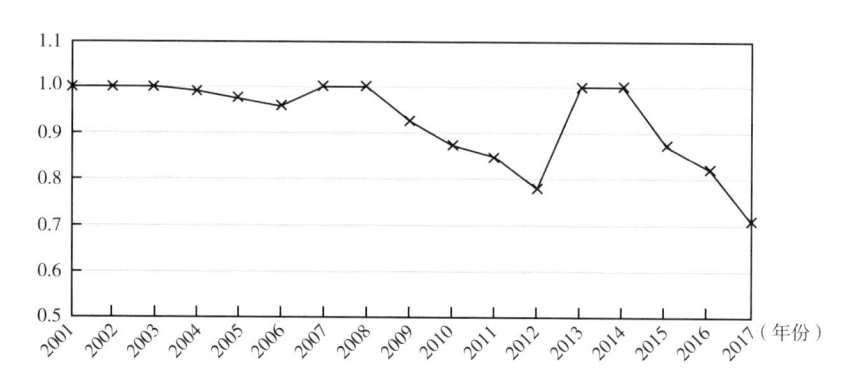

图 5　2001～2017 年我国食品安全规制纯规模效率变化趋势

2001～2008 年，除 2006 年外我国食品安全规制的规模报酬呈现不变和递增两种状态。其中 2001～2003 年规模效率均为 1，即规模报酬不变，说明该阶段投入规模合理；2004～2008 年，除 2006 年外规模报酬基本均呈现递增状态，说明该阶段我国食品安全规制的投入相对不足，增加对规制成本的投入可提高规制收益，即有利于提高我国的食品安全水平。现从规制技术投入成本的角度分析，我国卫生检验专业从 1998 年停止开设，到 2004 年恢复招生，我国卫生检验人员出现了将近十年的断层，供需存在很大缺口，导致基层食品检测人员基本为非专业出身，所以该时期由于国家开始重视培养专业的食品安全检测人才，不断增加在这方面的规制投入成本，也使规模报酬呈现递增状态，食品安全抽检合格率不断提高，食品产业也得到快速的发展，即规制的产出情况逐年改善。

随着规制技术人员的逐步增加，食品安全规制力度的不断加大，2008 年规模报酬开始递减，一直持续到 2012 年，2012 年规模效率仅为 0.780，表明随着规制投入水平的提高，仅通过增加单一或片面的投入难以有效解决规制效率不足的问题。同时，该阶段政府并没有很好地解决规制机构权责界定问题和以健全企业自我规制机制为出发点，充分发挥行业协会、社会媒体和公众等力量建立高效的协同治理体系来提高食品安全规制效率。这也从侧面反映出发挥被规制者——企业、社会组织和消费者在规制中的力量，是提高我国食品安全规制效率的另一有效途径。规模效率在 2010～2012 年间呈下降趋势，2009 年我国颁布了《中华人民共和国食品安全法》，从法律法规的层面对食品安全标准、食品安全风险监测和政府规制机构的监督管理等做出具体界定和细分，从 1995 年的《食品卫生法》到 2009 年的《食品安全法》体现了立法内容和监管理念的转变，但由于要适应新的政策法规，各规制部门需进行工作调整，导致规模效率暂时性地降低，新法规政策的实施存在一定的滞后性，但在2012年之后明显上升，并在2013年达到前沿值1。

尤其在2015年以后，虽然食品安全监管部门一直在加大食品安全规制投入，但规模报酬却不断递减，没有达到预期效果。近几年，随着市场经济的快速发展，我国食品工业产值持续增加，规模不断扩大，尽管规制部门增加对食品安全规制的成本投入，但规制资源投入增加的速度与食品工业企业的发展速度不相匹配，甚至远远不及，一定程度上导致政府规制部门对食品安全而言难以实现有限规制资源的合理配置，食品科学技术的发展和进步可以说是一把双刃剑，不仅改善了生产条件，也使不法食品加工手段更加高超和隐蔽，食品添加剂问题、转基因食品安全问题、网购食品安全问题等成为互联网时代食品安全领域急需解决的热点问题。

（三）综合效率

综合效率是测量在产出不变的条件下所需的最小投入，该指标可用来评价每年我国食品安全规制部门对食品安全规制投入的利用是否有效，其数值上等于技术效率和规模效率的乘积。在2001~2017年期间仅有6年综合效率达到了前沿值1，实现投入产出有效，即表明我国食品安全领域政府规制仍存在诸多问题，其投入存在无效浪费，相关因素前文纯技术效率和规模效率部分已展开分析。由于技术效率的变化整体相对平缓，最小值也超过0.93，因此导致综合效率波动的主要因素源于规模效率。如图6所示，我国食品安全规制综合效率分别在2003年、2008年、2015年出现下降，与规模效率出现下降的时间节点相同，且波动的时间区段也一致，即整体变化路径基本吻合。

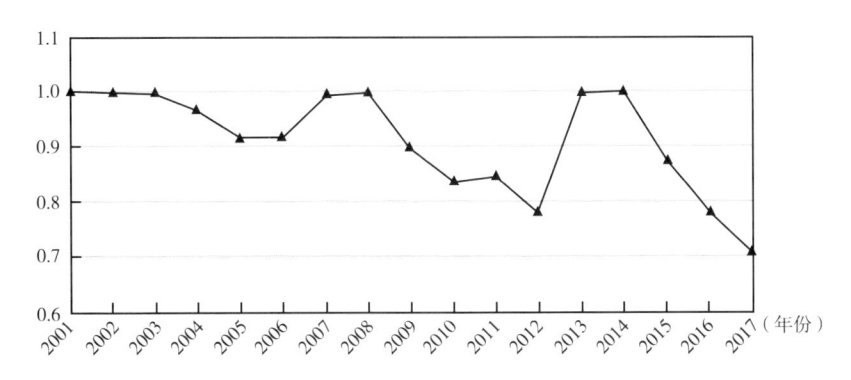

图6 2001~2017年我国食品安全规制综合效率变化趋势

四、我国食品安全规制效率的提升对策

（一）健全食品安全政府规制体系

政府在食品安全规制过程中具有主导作用，主要体现在两个方面：其一，政府规制机构是食品安全规制的主要力量；其二，政府规制机构为食品安全规制提供政策上的保障和技术上的支持。政府主导即是在政府强制性法律法规与市场引导性政策和社会参与性政策相结合的前提下的主导。因此，在充分发挥好规制机构主导作用的前提下，进一步健全政府规制体系，对于提升我国食品安全规制效率具有重要意义，具体可从以下几点着手：

1. 深入推进国务院政府机构改革，不断完善食品安全规制体制

当前，我国政府将食品安全纳入大市场监管范畴，不断整合规制资源，突出强调一体化监管理念，但距形成规制机构各部门之间高效协调的监管格局仍有可提升空间，那么究竟食品安全规制在市场监管中如何定位，权责如何分配，工作如何统筹等显得尤为重要。在综合监管和统一执法中确保食品安全监管的专业性，仍需深入推进国务院政府机构改革，以"一加强"和"三思维"为具体着力点，不断完善食品安全规制体制。

"一加强"，即加强对规制者的规制。建立健全问责机制，加大对规制者的规制力度。转变规制权力由上至下，由体制内向体制外的"单向一维"的运作模式，有效避免其内部因管理权限膨胀，发生权力寻租。包括以下两方面举措：一是加大"异体问责"力度。充分发挥行业协会、媒体等监督作用，制定公众问责办法，完善电子政务，保障问责渠道畅通，建立健全多元主体问责机制。二是问责严而彻底，提高追责强度。切实将"食品安全"纳入政绩考核体系，实施一票否决制，即一旦出现社会影响极为恶劣的食品安全事件，规制机构直接主管领导不仅要受到政纪处分，还应被追究刑事责任，通过政绩考核与职务晋升制度来提高政府官员的规制效率。

"三思维"，即法治化思维、一体化思维和激励性思维。法治化思维，即明确属地责任，切实细化基层市场规制部门责任，避免地方保护主义在食品安全规制过程中的干扰，保证地方监管不掉队、不延迟，中央到地方上下高度同步，在此基础上，建立政府部门间联防联治机制；一体化思维，即坚持全品种、全过程、全链条、全业态监管，做到源头严防、过程严管，在种、养殖环节，规范农药和兽药的使用，探索建立食品产地准出与市场准入的衔

接机制，打造全新的物联网模式，建立物联网监控平台，融合食品相关的信息源与物理源，开启市场准入、信息查询、巡查预警等功能，实现供应链条的全程质量安全监管，不断优化特殊食品的储存及运输条件的相关规范，实现无缝隙监管；激励性思维，即建立健全针对食品生产经营等相关主体的奖励制度，完善食品质量安全规制的激励性约束机制。可根据食品生产经营主体的产品质量、卫生条件等，对其进行信用等级划分，并将信用评级与相应奖惩政策挂钩。

2. 规范食品安全标准体系，建立健全食品安全配套法律法规

标准体系和法律法规是政府进行食品安全规制最重要的依据。我国的食品安全标准主要由国家、地方、行业和企业四个标准体系构成，各标准之间存在重复甚至冲突的现象，且标准建设相比发达国家相对滞后，需尽快同国际标准接轨，完善食品安全标准体系。加快食品安全法等相关法律法规的修订工作，缩短其修订的年限，提高修订的频率，保证法律法规的制定与时俱进，紧跟市场经济发展的步伐，和食品工业的进步相匹配。地方食品安全规制部门可以根据当地食品产业的发展情况和实际特点进一步有针对性地建立健全地方性法律法规。目前，违法成本相对较小是我国食品安全规制普遍存在的问题。《食品安全法》规定惩罚性赔偿金的确定是以消费者所支付的购买价格为基准，对恶性食品安全事件涉及的食品企业和个人的震慑力度显然不够，因而在法律法规层面应当分情况、分事件制定更细更具体有效的处罚力度和强度，以法律法规作支撑，设立食品生产经营企业的诚信档案系统，制定相应标准和底线，一经触犯，不再允许其进行食品安全相关经营活动，提升食品领域的市场门槛。

3. 加强专业技术人才培养，提高检验检测技术水平

一方面，加强专业技术人才培养。首先，培训原有规制人员。着力加大对专业基础较差甚至零基础的规制人员培训力度，尽快提升其技术水平和业务能力。其次，储备新技术人员。强调选拔过程及内容的专业性，着重考查专业素养和实践能力，并对新录用的政府规制人员进行高技术含量的专业化培训，同时和对口高校建立委培关系，联合培养高水平的专业技术人才。通过原有规制专业素养的提高和新技术人员的储备，进一步为食品安全检验检测的常规性、制度化安排提供强有力的技术保障。

另一方面，提高检验检测技术水平。推进食品安全规制检验检测技术水平的科学化建设，提高对新型食品的检测精准度，结合我国人口和食品产业的分布情况以及地方性食品产业的发展特点，在全国范围内对食品安全检验

检测机构和设备进行统筹安排、协调布局，既要防止出现检验检测盲区，又要杜绝重复建设的现象，同时财政部门应加大对乡镇、山区等经济发展相对落后的地方在检验检测设备和技术上的扶持力度。

（二）优化食品安全政府规制方法

1. 网格化监管——重点环节、重点对待

实施食品安全网格化监管，提升基层食品安全规制效率。目前，我国食品安全规制空白与规制盲区主要集中在农村和社区。建立"县（区）—乡镇（街道）—村（社区）"自上而下、高效协调的食品安全三级规制一体化网络符合当前我国食品安全领域的实际需要。具体而言，一是在保障县（区）作为一级规制网格，其规制能力不被削弱的前提下，集中力量建设和完善乡镇（街道）、村（社区）分别作为二级、三级的规制网格，切实解决基层食品安全规制问题，提升我国食品安全规制整体效率。二是乡镇（街道）二级规制网格应面向村（社区）三级规制网格设立专门的外派部门。三是各地村（社区）结合实际，聘请专职或者兼职食品安全信息专员和食品安全协管专员。其中，乡镇（街道）干部以及村（社区）干部都应妥善纳入食品安全三级规制网络。整体上，在赋予每一网格的规制职能与权限的前提下，不断细化各网格长和网格员的职责，重点保障各级规制信息双向反馈渠道畅通等。

2. 风险监管——专业+民主、追踪+溯源

专业+民主——提升食品安全风险监管的可行性。目前，部分"从重从严""严打严控"等规制方式的实施，其实是政府规制部门变相将食品安全风险转嫁给食品相关企业，而现阶段问责主体仍主要停留在与食品相关的企业层面，较少涉及规制机构本身，严厉打击的背后导致一定程度的规制过度及政府规制资源浪费。优化规制方式，应在风险等级评定、评价方式采取以及风险决策实施等方面做到"有力度更有温度"，由"上传下达"转变为"上下一体、多方出力"的互动方式。在保证科学性、专业性的前提下，结合不同参与主体实际可行意见，优化方式方法，提升风险监管实际效率。

追踪+溯源——建立健全食品安全溯源机制。提高风险监管的时效性，转变监管理念，由终端产品检验逐步向生产经营过程监督检验转变，让监管跑在风险前面，实现从"事后严厉打击"向"事前严格控制，事后酌情处理，手段宽严相济"的转变。把整个食品行业生产经营链条打造成风险监管零漏洞的完整责任链条，形成可追责、可倒查的风险防控体系（见图7）。

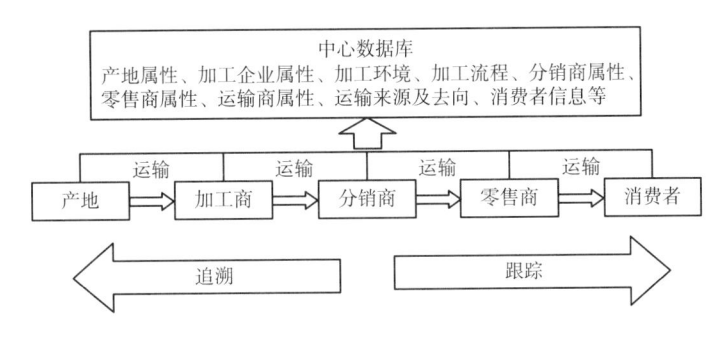

图 7　食品安全追踪溯源机制

3. 智能化监管——互联网 + 食品安全

坚持智能化监管，改进规制方式。互联网时代食品相关信息量巨大且更新极为迅速。因此，规制机构应结合时代发展特征，利用网络信息平台将数据获取、处理及运用的高新技术充分应用于食品安全政府规制领域，培养智能化规制思维，掌握大数据技术手段，力争杜绝"你违规、我处罚"这种"以牙还牙式"的规制方式，不再拘泥于"发现一处、查处一处"的被动式监管。以智能化监管为导向，互联网平台为载体，结合前文提到的网格化监管、风险监管，同时注重具体手段的激励性、回应性效果，节省人力成本，提高监管时效性，推动大数据、人工智能等新兴科技与食品安全的深度融合，构建"互联网 + 食品安全"的现代食品安全治理体系。

（三）加强食品安全协同治理

食品安全本身就是一个相对复杂的社会问题，由前文规模效率变化趋势的分析也进一步说明，仅增加规制机构技术和管理层面的投入，单方面依靠政府的力量，难以完全保证食品安全规制的全面有效。我国食品安全的协同治理研究将影响食品安全规制效果的因素由规制机构扩展到多元主体，协同治理的本质即是改变政府在食品安全规制领域中作为单一主体的垄断主导地位，其规制方式由"命令—控制型"转向"激励—引导型"，激励食品生产销售企业、与食品相关的社会组织（包括行业协会、新闻媒体等）以及消费者群体的积极参与，将政府规制、市场自我治理和社会自愿治理有机统一，形成政府主导、企业自律、社会协同、消费者参与"四位一体"的食品安全治理体系，如图 8 所示。

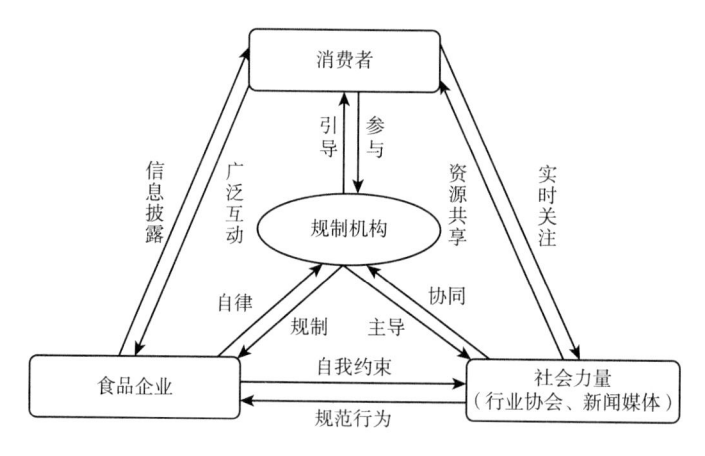

图 8 食品安全协同治理体系

1. 促进企业自律

（1）建立食品安全信息交流平台，完善企业信息公开制度。在食品市场，企业往往占据绝对的信息优势，比政府、公众掌握更多食品安全信息。作为优质企业，应积极参与到规制机构所推行的食品安全追踪溯源机制中，利用媒体、网络等公共信息平台，及时发布食品生产信息、属性信息等，并利用官方微博、微信公众号等现代交流工具及时回应消费者诉求，实现高效的信息互动。

（2）设立食品安全企业基金，强化企业社会责任的自我履行。基金可由政府补贴和企业利润两部分组成。其中，企业利润部分可根据企业每年度收支盈余情况具体设定，但须有最低数额保障，其资金主要用于以下两个方面：一是支持企业内部食品安全技术的研发。只有安全生产技术水平不断提高，才更有可能从源头上解决食品安全问题；二是用于奖励食品安全举报和投诉的个人和组织。凡通过正面、正确、属实的举报和投诉以及建议促进企业食品安全生产经营的个人和组织都应给予奖励，这不仅可以保障企业食品安全生产，避免消费者自身的权益受到损害，也利于企业的长期可持续发展，进而形成互利互惠的良性循环。

（3）提高食品生产经营系统化组织程度。当前，为提升我国食品工业企业的信息化和国际化水平，需减少小作坊式食品生产加工厂家，实现规模化生产，以便从源头上减少安全隐患。特色食品小镇或者食品小作坊聚集的地区，可大力推行"龙头企业+商户（或农户）"模式。如在初级食品生产加工领域，将大型食品企业的资本和技术与商户（或农户）的场地和劳动力相结合，不断优化利润分配机制，以龙头带商户（或农户），统一标准、统一技术，更有利于实现食品的标准化生产，达到规模化效应。

2. 推动社会协同

结合我国食品领域产业链错综复杂、小作坊和小摊贩数量较多等实际情况，为真正实现全方位、无死角的高效规制，不仅要依靠规制部门的力量来监管，还需要号召社会其他力量来共同参与，尤其是行业协会和新闻媒体。

（1）行业协会层面的社会协同。行业协会即非营利性的社会组织，其功能主要有两点：一是代表行业利益在政府相关政策制定时表达本行业的诉求；二是进行行业内部企业的自我约束和自我管理。针对食品行业协会而言，其主要作用为规范食品企业行为，履行确保食品安全的社会责任，对政府规制工作进行补充。

发挥行业协会自治作用，提升食品企业的自律意识。首先，政府应出台配套政策并制定相关法规，在加大对行业协会扶持力度的前提下，高效引导行业协会，使其具有相对自主的监督权力，切实保障各种社会组织的独立性和公益性；其次，行业协会应创新和完善协会自律体制建设，不断加强对协会成员的食品安全教育，树立行业荣辱感，提高协会的公信力，加强和规制部门之间的联系，实时向政府部门提供准确的食品企业安全信息，促进食品安全规制政策高效执行，降低食品安全规制的投入成本，进而形成政府—行业协会—食品企业三者间相互联动的三角格局。

（2）新闻媒体层面的社会协同。其一，强化新闻媒体的监督作用，给予新闻媒体充分的自主监督权力。在当今信息化时代，政府应保障新闻媒体的知情权和舆论自由，支持新闻媒体积极参与到食品安全规制过程中，鼓励其加大对问题食品的曝光力度，形成维护食品安全的良好社会氛围。其二，加强对食品安全事件的信息披露，建立健全信息发布机制。新闻媒体应不断完善食品安全信息管理和发布程序，加强对食品安全信息的披露，形成公开、透明、有序的信息发布机制，提升广大消费者的维权意识和理性消费意识，并对司法人员执法的公平公正进行有效监督。同时与政府建立沟通协作机制，发挥其正面宣传和舆论引导的作用，并按照《食品安全法》相关规定，利用其独有的工作渠道，对食品安全法律法规开展日常宣传教育工作。

3. 引导消费者参与

（1）增强主体意识和维权意识，积极参与食品安全社会共治。一是主体意识。长期受"官本位""政府规制"等意识形态的影响，目前，很大一部分消费者对食品安全问题仍持旁观者态度，认为食品安全规制是政府的职责，与己无关，或者抱有"搭便车"的心理，主体意识缺乏。因此，消费者必须认清到食品安全规制的公共属性，明确食品安全直接利益相关人的主体定位，提高主体意识，避免"公地悲剧"发生。二是维权意识。受维权渠道、维权成本等多方面因素的制约，对于食品安全问题，我国消费者的维权意识普遍缺乏，大多数消费者甚至直接选择忍气吞声，部分消费者也会因维权程序生疏或维权效果不佳而中途放弃，缺乏依法依规维权的意识。因此，消费者应该树立食品安全无小事的理念，增强法制观念，通过申诉维权、监督举报等形式，积极参与食品安全社会共治。

（2）提高食品安全知识储备，理性参与食品安全社会共治。以专业知识为支撑，以理性思维为指导，有效参与食品安全社会共治。对于消费者自身而言，应努力掌握食品安全知识及相关的基础性法律法规政策文件等，从而实现依法依规高效参与食品安全社会共治。具体而言，消费者可通过查阅食品安全相关资料等自我主动学习，或通过互联网等信息公开平台与食品企业和政府规制部门官网发布的食品安全相关信息即时交流互动的方式，间接补充自己的专业知识储备。政府引导与公民自主相结合的形式，使消费者树立健康观念，勤学肯学不断积累，能够初步进行预防、鉴别，甚至消除食品安全隐患。

参考文献

[1] 齐萌. 从威权管制到合作治理：我国食品安全监管模式之转型 [J]. 河北法学，2013 (1)：50-56.

[2] 苗珊珊. 突发事件信息冲击对猪肉价格波动的影响 [J]. 管理评论，2018 (9)：246-255.

[3] 赖涪林，康焱. 一个关于食品安全监管的实证分析框架 [J]. 郑州航空工业管理学院学报，2006 (10)：101-104.

[4] 周小梅. 对我国食品安全问题的反思：激励机制角度的分析——以"三聚氰胺"奶制品为例 [J]. 价格理论与实践，2008 (9)：9-10.

[5] 王珍，袁梅. 地方政府食品安全监管绩效指标体系的重要性分析 [J]. 粮食科技与经济. 2010 (5)：9-10.

[6] 王能，任运河. 食品安全监管效率评估研究 [J]. 财经问题研究，2011 (12)：35-39.

[7] 刘鹏. 中国食品安全监管——基于体制变迁与绩效评估的实证研究 [J]. 公共管理学报，2010 (4)：63-78.

[8] 李真，张红凤. 中国社会性规制绩效及其影响因素的实证分析 [J]. 经济学家，2012

(10)：48－57.

［9］刘鹏. 省级食品安全监管绩效评估及其指标体系构建——基于平衡计分卡的分析［J］. 华中师范大学学报（人文社会科学版），2013（4）：17－26.

［10］王冀宁，吴雪琴，郭冲，徐妍. 我国食品安全物流环节透明度实证研究——基于31个省份151家食品物流企业的采样调查［J］. 科技管理研究，2018（12）：219－227.

［11］张红凤，吕杰. 食品安全监管效果评价——基于食品安全满意度的视角［J］. 山东财经大学学报，2018（2）：77－85.

［12］唐润，王海燕. 基于双链协同的食品安全管理策略研究［J］. 中国科技论坛，2012（8）：44－48.

［13］徐敏薇，蔡滨，柏雪，王俊华. 食品安全多元治理主体功能耦合机制研究［J］. 中国初级卫生保健，2012（7）：42－44.

［14］周开国，杨海生，伍颖华. 食品安全监督机制研究——媒体、资本市场与政府协同治理［J］. 经济研究，2016（9）：58－72.

［15］谢康. 中国食品安全治理：食品质量链多主体多中心协同视角的分析［J］. 产业经济评论，2014（3）：18－26.

［16］慕静，陈小李. 创新驱动下的食品安全协同治理的战略路径研究［J］. 食品工业科技，2017（1）：40－44.

［17］张肇中. 我国食品安全规制效果评价及规制体制重构研究［D］. 济南：山东大学博士学位论文，2014.

［18］李中东，张在升. 食品安全规制效果及其影响因素分析［J］. 中国农村经济，2015（6）：74－84.

［19］郭国峰，郑召锋. 基于DEA模型的环境治理效率评价——以河南为例［J］. 经济问题，2009（1）：48－51.

［20］杜栋，吴炎. 从评价方法的"组合评价"到"两两集成"［J］. 统计与信息论坛，2008（5）：5－8.

政府管制视角下开发性PPP研究*

罗玉辉 甘晋博**

摘 要 开发性PPP作为传统型PPP模式基础上探索创新的一种具有中国特色的PPP模式，具有可持续性、赋能性、自我造血性、风险共担性等突出特点，将人力开发、产业开发、空间开发深度融合，实现政府和社会资本合作共赢，契合了我国新型城镇化建设、基础设施建设补短板、区域可持续发展、大力发展"新基建"的需要。通过对国内外创新性PPP模式的实践案例进行具体剖析，本文论证了开发性PPP模式相较于传统型PPP模式的优越性，以及与国内"新基建"发展的耦合性。并在此基础上，从政府层面、社会资本层面、金融机构层面，对开发性PPP未来在国内的进一步探索发展提出了相关政策建议。

关键词 开发性PPP 政企合作 新基建

一、引言

早在20世纪80年代初，英国就推动了大规模的私有化计划，进一步促进私营公司参与社会生产活动，这一浪潮鼓励了全世界政府部门和社会资本进行合作，以补充自由化和全球化趋势。根据新公共管理的总体战略，英国开始广泛应用公私合作伙伴关系（Public-Private Partnership，PPP）模式。欧盟委员会将PPP定义为"传统上向私营部门转移由公共部门执行或资助的

---

* 本文部分内容已在《中国物价》2020年第11期发表。
** 罗玉辉，中国人民大学政治经济学博士，现供职于中国证监会资本市场学院。甘晋博，英国格拉斯哥大学，现就职于长城证券投资银行部。

投资项目"[1]。政府决策者、研究人员和相关从业人员越来越关注与 PPP 投资相关的理论与实践。施瓦茨（Schwartz）提出公私合作伙伴关系理论是通过公私实体之间的合作和使用基于市场的解决方案来提高发达国家公共服务的质量和经济效率[2]。PPP 模式是一种克服投资、技术和专业知识差距的选择，一旦私营部门参与进来，公共事业的运营效率有望得到大幅提高[3]。同时，由于全球金融危机频发，财政限制导致了传统上作为基础设施主要融资来源的政府预算不足与不能满足大多数新兴市场和发展中经济体的基础设施需求[4]。为了解决公共融资有限的问题，PPP 项目激增，尤其是在创新产业里，PPP 模式确立了政企合作的新方式，并引发了对公共和私营部门所扮演角色的全面重新定义[5]。根据世界银行 PPI 最新数据显示，2019 年上半年全球 PPI 项目数为 175 个，总投资达 498 亿美元，同比上涨 14%。这说明了近年来私人资本越来越多地参与到基础设施建设中。杜等（Du et al.）也肯定了 PPP 是政府进行基础设施建设，促进城市可持续发展的重要途径[6]。

作为一个发展中大国，我国在基础设施和公共服务方面存在巨大的供需缺口。长期以来，我国城市基础设施建设以政府投资为主，这不仅加大了政府的资金压力，也使公共项目难以保持高质量的建设和运行效率。为了解决这些问题，我国已逐步开始对基础设施建设和公共配套服务进行市场化探索。2013 年党的十八届三中全会提出，允许社会资本通过被授予特许经营权等方式参与到基础设施建设和公共配套服务中来，这是我国政企合作模式的开端。PPP 项目的主要优势是通过政企合作充分发挥政府和私营部门各自的优势，以利益相关者利益共享为核心理念，有助于提高公共产品及服务的质量和效率，减轻政府的财政负担[7]。杨等（Yang et al.）提出 PPP 模式被广泛认为有助于缓解政府支出压力，促进政府职能转变，提高公共产品和服务的质量和效率[8]。因此，引入社会资本的 PPP 模式能有效替代传统上基础设施建设仅依靠政府进行融资的模式，有助于缓解政府财政压力。虽然我国对于政企合作模式的研究和应用相对较晚，但从 2014 年起，随着国务院、财政部、国家发改委等中央部委出台政策不断推进 PPP 模式，PPP 项目在我国迅速得到落地实施。根据全国 PPP 综合信息平台项目管理库 2020 年 1 月月报摘要，自 2014 年起，已累计入库 9459 个 PPP 项目，投资额达 14.4 万亿元，项目涵盖了市政工程、社会基础设施、交通运输、生态建设、环境保护等 19 个领域。这些项目成功落地将极大地影响国内和国际经济发展。

二、开发性 PPP 的实施背景及其特征

（一）开发性 PPP 的提出背景分析

1. 新型城镇化建设的需求

不同于传统城镇化建设，新型城镇化建设是由政府引导、市场主导的城镇化发展机制，按照合理布局、统筹城乡、以大带小、土地节约的原则，实现城镇化、农业现代化、工业化、信息化的协调发展和良性互动，形成经济高效、资源节约、环境友好、城乡一体、绿色和谐的新型城镇化道路[9]。习近平在深入推进新型城镇化建设会议上发表讲话，"鼓励各地积极引导社会资本参与中国特色新型城镇化建设，因地制宜、大胆创新，促进地方经济持续健康发展"，这极大地鼓励了社会资本参与新型城镇化建设。在国内积极推进新型城镇化建设的形势下，开发性 PPP 模式展现出了广阔的发展空间和应用前景。目前，我国的常住人口城镇化率仅为 59.58%，城镇化的水平与发达经济体相比还有较大的差距，单单靠政府投入扶持远远难以满足城镇化发展的需要[10]。所以，我国城镇化发展空间还很大，不能仅局限于单个基础设施项目由 PPP 模式来合作，而是要统筹城乡，从区域经济社会一体化发展角度来考虑。而开发性 PPP 模式就是以区域空间可持续发展为目标，通过有效价值挖掘和市场赋能，带动区域产业经济和基础设施建设的全面发展，从而提升区域空间价值，发挥区域自我造血功能[11]。在全国 PPP 综合信息平台项目管理库中，已落地的开发性 PPP 项目近 400 个，总投资额超过 1.4 万亿元，项目主要集中在产业园区建设、新城市运营和城乡统筹等领域。这说明了开发性 PPP 模式在新型城镇化建设中越来越受到认可。

2. 基础设施建设补短板

我国存在区域经济发展不平衡、发展水平和能力差距大的问题，尤其是在沿海大城市和内地县域城市之间。这种差距是因为我国的县域城市公共基础设施老旧落后，对人才和产业吸附能力弱[12]。而发达国家的这些小城市不仅是高端人才和产业的聚集地，更是科技研发和金融服务业的天堂，甚至是很多世界五百强企业的摇篮。因此，相较于发达国家而言，我国的区县发展面临整体的区域更新规划，系统性地补齐基础设施和公共配套的短板。但是我国大部分地方政府财力有限，融资渠道有限，很难单独挑起完善基础设施、推动产业升级的重担。在当前国家强力去杠杆化解地方债务的背景下，亟待

运用和创新 PPP 模式，打破融资瓶颈，积极引进社会资本，加强政企银合作，促进城镇经济加速发展。2018 年 11 月，国务院发布《关于保持基础设施领域补短板力度的指导意见》，其中提出鼓励地方依法合规采用 PPP 模式的建议，引进社会资本特别是民间资本投入补短板等重大项目。针对传统的基础设施建设模式所存在的缺陷和问题，开发性 PPP 与时俱进，开拓创新，着眼于空间开发，以实现在合作区域内人才、技术产业和公共服务的整合协调发展，而不是简单捆绑多个基础设施项目。因此，通过整个区域的土地开发、规划设计、产业整合和资源调配，项目区域能够实现以城镇为依托的综合性可持续发展，并带动区域产业税收增长和就业全面发展[11]。

3. 区域可持续发展的需要

随着社会经济发展水平的提高，以提升人文环境质量，改善生态环境为主旨的生态文明建设愈加重要。习近平提出"绿水青山就是金山银山"，将人与自然关系的和谐发展作为科学发展的一个重要方面，强调了社会经济与自然生态环境协调发展的重要性。因此，区域可持续发展作为生态文明建设的重要思路，逐渐延伸到统筹城乡和区域的协调发展上。对于发展中国家来说，区域可持续发展是 PPP 模式的一个主要关切点，如果 PPP 模式不可持续或与预期受益者的日常生活不相关，它就不能解决更大的社会经济发展和消除贫穷问题[13]。因此，PPP 模式中私营部门不仅应注重短期投资回报，还应努力实现城市基础设施的长期可持续目标，提高城市环境的可持续性[14]。PPP 模式需要通过循环金融保护机制和考虑可持续性的绿色投资机制进行创新，从而开辟城市环境保护的有利途径[15]。而创新性的开发性 PPP 模式则满足了实现区域可持续发展的需要，它通过政府和社会资本建立的长期合作，对以产业开发为核心的基础设施和城市规划提供综合开发服务，以实现生产、生态、生活的融合[16]。同时，开发性 PPP 模式将社会资本的投资回报与区域内年度新增财政收入挂钩，使得区域以自我造血、激励相容的机制持续性发展，有利于城镇化、工业化、产业化协同发展[17]。

4. 传统型 PPP 模式的问题逐渐突出

近年来，传统型 PPP 模式在国内的实践应用产生了很多问题。随着 PPP 模式快速发展，各地 PPP 项目出现了明股实债、部分地方政府违背承诺担保等违规操作，导致地方政府增加了很多隐性债务风险。一些地方政府为了追求自身利益，将 PPP 项目作为变相融资的工具，例如个别地方省市的 PPP 项目存在不同程度的政府固化受益和兜底回购等承诺[18]。有些地方政府对私营部门做出了不现实的担保，甚至把一些不合适的建设项目伪装成 PPP 项目，以提高地方政府的行政绩效[8]。其中，大多数业绩不佳、利润较低的变相项目的收益可能无法覆盖成本，增加了项目提前终止和信用违约的可能性。此外，传统型PPP还存在重建设轻运营、政府支出责任固化、绩效考核不完善等问题[10]。同时，不确定性往往是传统PPP模式失败的根源所在。传统PPP模式难以实现激励相容、风险共担，因此合同的约定也无法消除诸多的不确定性，经常陷入讨价还价的纷争之中[11]。而开发性PPP模式针对这些问题进行了创新。在开发性PPP模式中，政府以合作区域内每年新增财政收入的约定比例为上限支付项目公司费用，并且政府无须刚性兑付，无须承担任何融资和担保责任，进而不会形成债务风险，而且还可以化解债务风险[11]。同时，开发性PPP可以为政府节省成本，获得长期稳定的税源。开发性PPP采取增量取酬机制，不但有助于解决地方政府资金短缺、债务风险隐患、项目重建设轻运营等问题，还能实现政府和私营部门之间的激励相容和风险共担，大大降低了PPP项目的不确定性和风险。因此，开发性PPP模式让政府和社会资本联系更紧密，约定以城市建设、城乡统筹、产业整合、公共服务、民生就业、生态环保等为绩效考核指标，政企双方形成合力、优势互补。

（二）开发性PPP的特征分析

1. 开发性PPP的内涵

经过近年来的探索和发展，现在PPP模式进入调整和创新的阶段，通过反思、总结，逐渐形成了有中国特色的开发性PPP模式。我国首部开发性PPP模式创新理论研究成果——《开发性PPP概论》一书中首次从理论层面定义了开发性PPP模式，即以实现区域可持续发展为目标，通过政府和社会资本建立的长期合作关系，提供以产业开发为核心的基础设施建设和城市运营等综合开发服务，由社会资本承担项目运营风险，投资回报以地方新增财政收入的一定比例为限与实际绩效挂钩，以实现激励相容。该书结合了开发性PPP的国内外背景，对盈利模式、风险管理、绩效考核和资产利用等方面作出了系统分析，并提出了合理的政策性建议，有助于推动开发性PPP模式的进一步研究和实践应用。在"第二届开发性PPP论坛"上，来自各地的专家学者及社会资本代表就PPP领域的理论研究与实践应用进行深入探讨，认为开发性PPP模式将空间开发、产业开发、人力开发深度融合，以区域可持续发展为目标，契合我国供给侧结构性改革、新型城镇化建设和国家治理现代化的需要，是具有显著的中国特色的、规范可行的PPP模式。开发性PPP模式具有赋能性和可持续性，能够促进区域基础设施建设和产业经济升级整合的全面发展,从而提升空间价值,实现区域自我造血的发展思路[10]。开发性PPP模式具备可交易性和可融资性,是传统PPP模式创新发展、因地制宜的必然结果[19]。并且开发性PPP采取增量取酬机制,政府和社会资本的利益是相关联的,不仅调动了政企双方的积极性,而且发挥了各自的优势,实现了双方合作共赢。

2. 传统型PPP与开发性PPP的比较

开发性PPP是在传统型PPP模式的基础上,结合中国特色制度背景和实践土壤,对于我国区域一体化开发的一次重大创新探索,对推动新型城镇化建设和"新基建"都具有重要意义。熊丽丽[20]直观地总结了传统型PPP与开发性PPP的不同点(见表1),可见开发性PPP模式下运作的产业整合和城市发展具有很强的可持续性,在项目运营前期进行专业的规划和设计,更能带动项目参与各方共同的成长,形成较强的社会效益。与政府主导的传统型PPP模式相比,开发性PPP坚持市场经济,私营部门成为PPP项目的主导者,充分发挥了社会资本在市场竞争中的自主性、创新性和灵活性。开发性PPP模式将产业吸引力和基础设施建设结合起来,追求城市与产业融合发展和城市有效增长的目标。

表1　　　　　　　传统型PPP与开发性PPP的对比

项目	传统型PPP	开发性PPP
主要社会资本方	大型央企、国企、上市名企	优质民营企业
应用领域	交通运输、市政工程等大型基建	产业新城、产业小镇等城市运营
重点环节	基础设施建设能力	融资、运营能力
主要目标	提供公共服务	强调各参与方共同发展,实现共赢或多赢
实施效果	有些存在隐性担保、名股实债,可能推高地方政府债务,2017年不合格项目被大清理、整改	不依赖于地方政府担保,有助于打破刚性兑付,强调城市的自我造血功能,具有可持续性
未来前景	退库与整改,受到严格限制	受到政策鼓励,前景较好

资料来源:熊丽丽.华夏幸福固安产业新城开发性PPP融资模式案例探究[D].保定:河北金融学院硕士学位论文,2019.

但还需要补充很重要的一点,不同于传统型PPP模式存量取酬机制,开发性PPP模式以增量取酬的新机制,将政府和社会资本的利益结合起来,不仅充分发挥了各自的优势，而且调动了双方的积极性。对于政府而言，政府无须担保兜底，合作区域范围内所有投入都是由私营部门负责，并且按照共同约定，私营部门需要完成由合作期限内 GDP、新增财政收入、城市建设、民生、就业、生态环保等关键指标组成的绩效考核指标，并经第三方审计确认后，政府才能从合作新增的财政收入中拨付项目费用[12]。如果绩效考核指标未完成，政府就不需要刚性兑付，也就是说私营部门得不到回报。激励相容的机制有助于将政府和社会资本的利益相关联，促使双方优势互补，积极合作，向着相同的目标努力。同时，由于社会资本的回报与绩效考核指标挂钩，社会资本在运营过程中就要发挥自身的专业性优势，对合作区域内的城乡统筹、基础设施建设、产业整合、公共服务、民生就业、生态环保等统筹发展，而不是单单考虑完成财政收入和 GDP 指标。这就从机制上保障了政府是以实现区域高质量发展为目标，促进政府转变职能、优化政企合作、提升政府管理和服务质量。

刘尚希[11]总结了开发性 PPP 的四个突出特点。第一，可持续性，通过高端产业的导入，推动区域产业经济转型升级；通过区域一体开发发挥整合效应，提升城市吸引力和承载力；通过提供就业岗位、供给高质量公共服务设施等，推动区域经济、社会、生态环境的可持续发展。第二，赋能性，通过提供区域发展整体解决方案，提升区域自我发展能力。开发性 PPP 是通过整个片区的整体营造，实现协同效应，而不是将各种单一 PPP 项目简单捆绑，私营部门通过提供土地整理、区域规划、产业整合、基础设施建设、公共配套服务、城市运营的整体解决方案，为合作区域赋能，提升区域发展能力。第三，自我造血性，通过提高区域发展价值，实现自我造血。以产业发展为核心，将土地、人力资源、公共产品和服务等要素有效融入生产体系，创造增量财富和价值，带动区域经济社会发展和财政收入增长，私营部门通过专业化运作从增量财政收入中获得稳定合理的投资回报。第四，风险分担性，私营部门承担主要运营风险，避免了政府产生债务风险。开发性 PPP 模式按绩效付费，政府支付私营部门的回报与新增地方财政收入挂钩，从而规避和减少了政府债务风险。供给侧改革和新型城镇化建设需要创新型的开发性 PPP 模式，开发性 PPP 不仅有助于解决产业化和城镇化不融合的问题，而且增量取酬的付费机制能够提高区域财政的可持续性[21]。

与交通、能源和市政设施等其他基础设施部门采用的单一传统型 PPP 模式不同，开发性 PPP 是基于片区整体开发运营的新型政社合作模式，私营部门自主招商引资，以产业开发为核心进行基础设施建设，并提供相关公共配套服务，其投资回报以地方新增财政收入的一定比例为限与实际绩效挂钩。近城区的区域发展以绿地项目为主，生命周期较长，投入资金大，风险相对较大。开发性PPP模式将不同类型的项目进行整合，通过综合开发产生增值效益和信用效益，并通过盈利项目的收益来补偿非营利项目的成本，以达到资金平衡。随着近些年来PPP模式不断创新和探索，地方政府逐渐推出更多的开发性PPP项目，包括特色小镇、产业新城、旅游观光等类型。因此，接下来本文将对开发性PPP模式在国内外的实践应用进行案例剖析。

三、开发性PPP的国内外实践

（一）斯洛文尼亚开发性PPP为基础的区域空间规划

开发性PPP模式近几年被引入斯洛文尼亚的区域空间开发实践中，由于斯洛文尼亚人口老龄化严重，养老保障问题日趋重要。卢布尔雅那市作为斯洛文尼亚的首都，应用开发性PPP模式落地保障房区域建设项目，旨在为老年人提供保障性住房、室外停车位，以及进行周边整体区域的设计规划，致力于促进区域一体化综合发展。为了项目的实施，在项目的建设期内，政府将建筑权转让给私人合伙人，在选择私人合伙人的过程中商定了给定建筑权的范围和期限。私人合伙人有两年时间准备相关项目文件，并获得建筑许可证来建造住房、基础设施，并将商定好的住房转让给政府。卢布尔雅那市采用的模式是，对于转让给政府的部分，采用DBFTO（设计—建造—融资—转让—运营），而对于私有的部分，采用DBFO（设计—建造—融资—运营）。住房建设的资金来源主要是住房合作社，由于保障房建设是涉及公共利益的公共工程，住房合作社将从政府部门获得各种好处，特别是优惠贷款或利息补贴，以优惠价格为贷款和土地提供担保，供出售或长期租赁。市政当局考虑到保障房的成本问题，将提供更低成本的土地给开发商。

国外住房合作社作为一种解决住房困难问题的社会经济组织，并不是完全地由私营企业来负责融资，它的主要资金来源于三个方面：社员入股交纳的股金、政府的贴息贷款以及社会捐助。斯洛文尼亚保障房区域建设项目作为一种政府和社会资本的更进一步紧密合作，对城市边缘区进行整体规划建设，也是对PPP模式的创新和发展。通过实施开发性PPP项目，斯洛文尼亚政府可以对城镇人口居住环境的质量进行不同程度的改善，这也有助于更好地规划城市空间建设。开发性PPP注重区域可持续发展，通过确保绿色开放的公共空间、提供高品质的生活环境和进行文化遗产保护等改善生活条件。

(二) 中信集团汕头滨海新城开发性 PPP 项目

在传统型 PPP 模式的基础上，中信集团作为国有独资企业，结合我国新型城镇化建设发展的需要，以产融结合、产城融合的开发性 PPP 模式推动城镇区域高质量一体化发展。汕头滨海新城就是成功应用开发性 PPP 模式的一个典型项目。汕头南岸地广人稀，经济发展较北岸稍微落后，其主要原因是连接两岸的交通通道只有 1995 年通车的汕头海湾大桥和 1999 年通车的礐石大桥。汕头海湾隧道作为解决当前交通问题的重点工程，总投资预计 60 亿元，单单依靠政府财力恐怕难在短期内建成。因此，汕头市政府引入中信集团合作建设以开发性 PPP 模式为指引的汕头滨海新城项目，海湾隧道就是新城建设的重点工程之一。该项目区域涵盖濠江区 168 平方公里，总投资超 500 亿元，预估建设周期 25 年。针对政府对融资、吸引人才、产业发展的迫切需求，中信集团不仅为政府提供土地一级开发整理、区域规划设计、基础设施建设、公共服务设施配套、产业导入等服务，而且协助当地政府招商引资，以分片区滚动开发的模式，吸引高新产业、科技技术和人才聚集，推动合作区域产业经济可持续发展。汕头滨海新城项目作为开发性 PPP 模式实践的重要典范，应用"政府引导，市场主导"的新型城镇化发展模式，完成了一次"金融+产业+地产"经营模式的成功创新。

在融资层面上，该项目的开发建设并不是通过政府平台融资，而是中信集团通过金融手段来筹集资金，除了通过中信银行、中信信托等渠道融资外，还面向社会资本，与其他银行、信托、保险、基金等机构合作。同时，项目公司还通过股权合作与广东省政府的政策性基金合作，撬动银行贷款。此外，在对土地进行一级开发后，除开发成本外的收入将用于海湾隧道的专项建设。如果建设资金仍然不足，项目公司可以收取车辆通行费、隧道运营配套费，并申请政府财政补贴。

在经营层面上，政府与实力央企的合作更能依靠其优秀的产业新城经营能力和区域开发能力，维持开发性 PPP 项目的良好运作和管理。开发性 PPP 模式还促进了产业结构的整合升级，吸引高端产业、科技技术和人才的聚集，从而带动区域经济高质量发展。

在风险共担层面上，双方的合作协议由市级、区级两级人大立法通过。由于城市运营 PPP 项目具有投入大、周期长、风险大等特性，合作协议由市区两级立法通过则有助于防范国家政策变动的风险以及地方政府领导人变更带来的政府违约风险。同时,通过建设运营和土地开发的特许经营权,项目公司可以实现未来预期土地收益与特定基础设施建设运营的捆绑。

在合作共赢层面上,对于地方政府而言,传统意义上政府需要承担的职能多由社会资本完成,而且无须承担债务风险,甚至包括招商引资之类的任务均由中信集团完成。政府只需按照法律法规的规定主要提供两个资源,即土地资源和政策资源。中信集团以央企强大的品牌辐射效应、高效的产业资源整合能力和综合金融服务优势,承担起区域规划、基础设施建设、产业运作、资源整合、项目运营管理和环境综合整治等职责。在回报方式上,项目土地出让收入中扣除项目成本,再扣除政府留存的基金税费后产生的溢价部分由政府和中信集团按股权比例分成。因此,除了土地溢价收入外,政府还获得了城市形象的提升、产业的引进、新增就业岗位和长期税源。对于中信集团来说,通过与政府建立长期稳定的合作关系,不仅获得了优质项目的开发机会,而且取得了合理的投资回报。

四、政府管制视角下开发性PPP与"新基建"的耦合性研究

当前,新冠肺炎疫情在全球范围加速蔓延,对中国和全球经济都造成了前所未有的重大影响,2020年第一季度中国经济基本是负增长,虽然补偿性增长在未来可能会出现,但总体来说,疫情对年度经济增长的负面影响是不可避免的[22]。为有效应对肺炎疫情对全球经济的冲击、缓解中国经济本身的下行压力,逆周期调控政策需加大稳增长和保就业的力度。因此,在当前形势下,作为宏观逆周期调控最重要的抓手,投资对于经济的托底作用将更加重要。然而制造业和房地产业均受到疫情的严重打击,恢复正常的生产经营还需要一段时间,短期内难以形成有效投资。因而在当下,基础设施建设投资被赋予了经济启动和助推的重任。鉴于我国基础设施建设存量人均水平与发达国家相比存在明显差距,当前的最优策略仍然是投资基础设施建设,启动包括"新基建"在内的新一轮基础设施建设。2018年底,中央经济工作会议中提出要"加快加强5G基站、物联网、工业互联网、人工智能等新型基础设施建设","新基建"一词由此诞生。2020年初,受疫情影响,我国亟待推进新型基础设施建设,加大投资拉动内需,以促进经济恢复与稳定。"新基建"主要推动领域包括:5G基站建设、大数据中心、人工智能、工业互联网、新能源汽车充电桩、特高压、城际高铁和城际轨道交通。3月4日,中央

政治局常务委员会议进一步指出"要加快公共卫生服务设施、5G基站、大数据中心等基础设施建设"。从短期来看，投资"新基建"有助于稳增长和保就业。从长期来看，抓住"新基建"这一历史性投资机遇，对于优化我国产业结构、激发市场活力和刺激经济提速发展都具有重大战略意义。

与传统的基础设施建设模式相比，新一轮基础设施建设在实施方式、行为导向、利益分配和风险管理等方面应实现"四个转变"[23]。由于基础设施建设具有投资大、建设周期长、风险大等特点，应当探索发展与"新基建"融资需求相契合的PPP模式。实践证明，开发性PPP模式在减轻财政负担、优化组织方式、提升区域价值等方面具有明显优势，有望成为新形势下扩大基础设施建设投资的有力抓手。

（一）依托开发性PPP实现国内产业整合升级

"新基建"是高新技术、基础设施建设和上下游产业链的有机结合，是集研究、生产、使用、管理于一体的系统推进，与开发性PPP具有天然的协同性。开发性PPP模式基于片区整体的综合开发运营，私营部门提供一体化的综合开发服务，包括以产业开发为核心的基础设施建设、公共配套服务和城市规划设计等，社会资本承担主要的投资、规划建设、运营管理责任，投资回报与新增财政收入挂钩，形成了一体化的开发性新机制。正因为开发性PPP模式强调区域公共服务、产业发展、生态保护一体化综合发展，所以它能更好地融合"新旧基建"，实现自我造血的可持续性发展之路。在当前大力发展"新基建"的形势下，政府应当完善相关法律法规，通过政策创新推动以产业发展为核心的开发性PPP模式，以尽快实现短期逆周期调整和长期供给侧结构性改革的目标。

（二）融合开发性PPP以发挥创新产业内在活力

"新基建"主要致力于信息通信技术、大数据开发等应用和发展，利用开发性PPP模式，可有效发挥私营部门所具有的的内在创新动力和灵活的市场反应能力，实现质量和效率的提升。新型城镇化建设仍存在广阔的发展前景，受当前疫情和经济下行的影响，"新基建"投资对于保经济、稳就业极其重要。目前，传统基础设施建设的投资边际效益正在迅速下降，以公路、铁路、机场、港口等为代表的"旧基建"存在很多低效、重复投资等问题，也积累了大量的政府财政风险。而"新基建"是发力于高新技术产业的基础设施建设，主要指以5G基站建设、物联网、工业互联网、人工智能为代表的科技端基础设施，具有更强的创新性、外部性、效率性，结合开发性PPP模式可以更好地促进产业升级整合，为当下经济发展注入新动力。

（三）通过开发性PPP实现创新型的投融资模式

在投融资模式上，"新基建"着眼于新兴科技产业，能够吸引富有创造力和活力的优质高新技术企业参与投资，并积极探索新型股权投资模式。"新基建"对于创新性的融资模式的需要，符合了开发性PPP吸引优质社会资本参与基础设施建设的特点，通过政企合作分担风险，实现共赢。并且，与"旧基建"提供的公共产品和服务不同，"新基建"更多地着眼于新兴技术产业，若单单依靠政府推动，可能会对市场产生"挤出效应"。目前，地方政府对于新兴技术产业的投资运营效率明显低于具有专业优势的私营部门，反而可能增加政府的债务负担。另外，若单单依靠社会资本，一些"新基建"的商业应用场景和商业发展模式尚未成熟，可能导致私营部门不愿或无力进行大规模投资。故而，加快"新基建"既要发挥市场主导作用，有效调动社会资本投资的积极性，同时政府也应加大政策扶持力度，促进政企进一步紧密合作。因此，开发性PPP模式极大地符合了"新基建"对于加强政府与社会资本合作的需要，并且充分发挥了私营部门投融资的主导作用。

（四）大力发展开发性PPP实现区域的可持续发展

随着城镇化进程的推进，新增的城镇化人口将更多地集中在城市群和大都市圈，这将给城市轨道交通、城际高铁、5G基站建设、教育、医疗、就业等诸多方面带来资源压力。由于城市群和大都市圈将成为以后"新基建"投资的主要区域，政府在加大城市区域的吸引力、承载力和经济辐射能力的同时，也要把控基础设施建设和公共服务配套跟上新型城镇化发展的速度。开发性PPP模式强调区域内公共服务、产业发展、生态保护一体化综合发展，不但能够更好地融合"新旧基建"建设，还有利于实现区域经济持续协调发展。开发性PPP主要是地方政府引入优质社会资本，形成合作区域内的基础设施建设投资、产业整合等整体投资运营模式，实现了从单一的输血性项目向具备自我造血功能的区域整体综合开发项目的升级。在当前形势下，可将重点以产业为导向的开发性PPP模式作为新的载体，将"新旧基建"融合起来，以更好地实现产业引进和产业结构升级整合，进一步拉动经济增长。因此，开发性PPP模式具有区域整体开发、自我造血、激励相容、可持续发展的突出特点，不仅能为"新基建"提供有利的资金、技术和制度支持，还能将"新基建"实际应用于区域项目建设和运营，聚集高端要素，提升区域经济价值，有效地促进"新基建"的发展。

五、结语

本文对于开发性 PPP 这一创新型的 PPP 模式进行了相关背景研究，并结合案例剖析了此模式在实际应用中的适用性，最后针对当下"新基建"与开发性 PPP 的耦合性进行了论述。开发性 PPP 模式将空间开发、产业开发、人力开发深度融合，契合我国新型城镇化建设、基础设施建设补短板、区域可持续发展、大力发展"新基建"的需要。

对于政府而言，基于区域可持续发展目标的开发性 PPP 模式能大大降低债务风险、财政风险等不确定性，通过激励相容，政府可提高财政、税收收入，提高公共产品和服务质量。政府无须投资或担保，大大降低了债务风险。开发性 PPP 模式是增量取酬，不但不会突破 10% 的红线，而且通过跟优质社会资本的合作，有助于增加地方政府的财政收入。开发性 PPP 不仅有利于降低政府的债务风险，也促进政府积极转变职能，优化投资环境和提高公共服务水平。政企合作优势互补，既强化了政府的宏观调控功能，又充分发挥了市场在资源配置中的决定作用。但需要注意的是，由于我国当前对于开发性 PPP 的研究和实践尚在探索阶段，在一些领域，政府对企业做出了过多的让步，最终扩大了企业的权力，严重损害了公共利益。地方政府和企业之间的职能和责任很难合理划分，所以中国未来仍需要建立健全相关法律法规和市场机制，并且引导资金流向相对欠发达的地区，对中西部地区开发性 PPP 项目提供更有吸引力的政策支持。

对于社会资本而言，私营部门作为 PPP 项目的投资运营主体，提供完整公共产品，社会资本几乎承担了所有土地出让金的成本性支出和城市建设支出任务。在开发性 PPP 模式里，由于政府加大对社会资本参与 PPP 项目的支持力度，私营部门更能争取到地理位置优越、预期项目收益高的优质项目。并且政府加大了对 PPP 项目的融资支持力度，社会资本进入和退出的渠道逐渐变多。政府加大项目股权投资力度，积极引导我国 PPP 基金和保险资金的进入，拓宽项目融资渠道。同时鼓励通过股权转让、资产证券化、资产交易等方式盘活项目存量资产。因此，得益于政府支持，私营部门拓宽了融资渠道，降低了制度性交易成本，扩大了项目利润空间。作为投资者，社会资本的目标是实现稳定、合理的投资回报。在开发性 PPP 模式专注于区域空间开发的场景里，社会资本能充分发挥其规划设计的综合能力、专业技术水平和价值挖掘能力，实现区域产业经济、生态保护协调发展。

对于金融机构而言，一是加强政策性银行对于PPP项目的支持力度，并提高商业银行参与项目积极性。二是引导保险资金通过股权投资参与进开发性PPP项目中。三是探索开发性PPP项目专项债券发行路径，专项债可以作为PPP项目的政府方资本金，不仅在一定程度上减轻了社会资本方的出资压力，降低了项目的融资成本，而且为PPP项目提供增信支持，进而提高社会资本参与的积极性。四是放宽开发性PPP项目实施资产证券化的基本条件，鼓励现有PPP项目资产通过资产证券化盘活，引入更多社会资本参与公共基础设施建设、提供公共产品服务。

参考文献

[1] European Commission. Public finances in EMU – 2003 [R]. Brussels: European Commission, 2003.

[2] Schwartz, P. Disguising trade in development partnerships [J]. Journal of International Commercial Law and Technology, 2010, 5 (3): 105.

[3] Pangeran M. H., Notodarmojo S., Wirahadikusumah R. D., Pribadi K. S. Assessing Risk Management Capability of Public Sector Organizations Related to PPP Scheme Development for Water Supply in Indonesia [J]. Civil Engineering Dimension, 2012, 14 (1): 26 – 35.

[4] Arezki, R. & Ferid, B. Developing public-private partnership initiatives in the middle east and North Africa: From public debt to maximizing finance for development [R]. Policy Research Working Paper Series 8863, The World Bank, 2019.

[5] OECD. Private financing and government support to promote long-term investments in infrastructure [R]. Paris: OECD, 2014.

[6] Du, J., Wu, H. & Jin, R. Capital Structure of Public-Private Partnership Projects: A Sustainability Perspective [J]. Sustainability, 2019, 11 (13): 3505.

[7] Sun, H., Liang, Y. & Wang, Y. Grey Clustering Evaluation for the Cooperation Efficiency of PPP Project: Taking Beijing Metro Line 4 as an Example [J]. Mathematical Problems in Engineering, 2019: 1 – 13.

[8] Yang, J., Song, L. & Xing, Z. Credit Default of Local Public Sectors in Chinese Government-Pay PPP Projects: Evidence from Ecological Construction [J]. Advances in Civil Engineering, 2019: 1 – 19.

[9] 包双叶. 论新型城镇化与生态文明建设的协同发展 [J]. 求实，2014 (8): 59 – 63.

[10] 楼继伟. 开发性 PPP 补上新型城镇化短腿 [EB/OL]. 经济日报, http://www.ce.cn/xwzx/gnsz/gdxw/201912/05/t20191205_33776079.shtml.

[11] 刘尚希. 开发性 PPP 是自我造血 PPP [EB/OL]. 中国财政科学研究院, http://www.chineseafs.org/index.php?m=content&c=index&a=show&catid=21&id=1273.

[12] 张书峰. 产业新城模式：开发性 PPP 新标杆 [EB/OL]. 新华网, http://www.xinhuanet.com/info/2019-11/26/c_138584520.htm.

[13] Hosman, L. Making the transition from pilot to scale: examining sustainability and scalability issues in a public-private telecenter partnership in Sri Lanka [J]. Information Technology for Development, 2011, 17 (3): 232-248.

[14] Joop F. M. Koppenjan & Enserink, B. Public-Private Partnerships in Urban Infrastructures: Reconciling Private Sector Participation and Sustainability [J]. Public Administration Review, 2009, 69 (2): 284-296.

[15] Kościelniak, H. & Górka, A. Green Cities PPP as a Method of Financing Sustainable Urban Development [J]. Transportation Research Procedia, 2016 (16): 227-235.

[16] 刘尚希. 开发性政社合作模式：基于区域价值的空间开发新路径 [J]. 财政科学, 2020 (1): 5-10.

[17] 孟春, 刘柯彤, 王鑫胜. PPP 模式助推新旧动能转换的实践及建议 [J]. 财政科学, 2020 (2): 24-31.

[18] 王慧军. 我国地方政府治理中的 PPP 模式发展问题探究 [J]. 中共石家庄市委党校学报, 2019, 21 (12): 35-39.

[19] 丁化美. 从 PPP 二级市场建设的角度理解开发性 PPP [J]. 新理财（政府理财）, 2019 (5): 23.

[20] 熊丽丽. 华夏幸福固安产业新城开发性 PPP 融资模式案例探究 [D]. 保定：河北金融学院硕士学位论文, 2019.

[21] 彭程. 积极探索 PPP 推动新基建发展 [EB/OL]. 中国财经报, http://hzcz.heze.gov.cn/art/2020/3/25/art_17137_8932688.html.

[22] 叶银丹. 新冠疫情影响下中国"新基建"发展方向与政策建议 | 宏观经济 [EB/OL]. http://dy.163.com/v2/article/detail/F8ID16GA0530P452.html.